Josefine Alcántara

Der Herzschlag der Ozeane

JOSEFINE ALCÁNTARA

DER HERZSCHLAG DER OZEANE

Serve our
Earth

Verlag:
BoD · Books on Demand GmbH,
Überseering 33, 22297 Hamburg, bod@bod.de

Druck:
Libri Plureos GmbH,
Friedensallee 273, 22763 Hamburg

ISBN: 978-3-7693-6745-4

INHALT

INHALT

Hey 😉

Hey, ich bin Fini,

ein verrücktes Mädchen, das sich in den Kopf gesetzt hat, die Welt zu verbessern. Und wenn ich mir einmal etwas vorgenommen habe, dann wird das, weil ich ein Sturkopf bin, auch durchgezogen. Ich LIEBE die Ozeane, ihre Weite, Schönheit, die Luft, Wärme, das Gefühl von Freiheit, das gleichmäßige Rauschen der Wellen. Die Beständigkeit... Deshalb kämpfe ich für ihren Schutz, NICHT aus Angst, sondern aus Liebe zum Meer!

The best protection for our ocean is love!!!

Es ist sooo wichtig, dass wir nicht vergessen zu lachen, zu tanzen, Spaß zu haben, uns selbst und die Natur zu respektieren!!

Gemeinsam können wir die Geschichte umschreiben, indem wir achtsamer und mitfühlender mit uns selbst und der Umwelt sind.

Dieses Buch ist für alle, die die Welt ein Stückchen besser machen wollen, die Hoffnung nicht aufgeben und neue Perspektiven entdecken möchten. Für Schüler, Studenten, Eltern, Omas und Opas, Unternehmer, Sportler, Künstler... dieses Buch ist für dich.

Es handelt von der Plastikverschmutzung, aber auch von meiner Erfahrung, warum es hier um etwas viel Größeres geht, als Plastik zu sparen. Wir müssen erst lernen, dass es eine Herausforderung gibt, wie z.B. Plastikverschmutzung, und wir brauchen natürlich auch die Werkzeuge, um diese zu lösen, aber Liebe und das Gefühl von Verbundenheit mit der Natur steht über alledem, denn es bringt uns zum Handeln und hilft uns, am Ball zu bleiben.

Dieses Buch soll dich inspirieren, deine Leidenschaft zu finden und für eine lebenswerte Zukunft einzustehen und Plastik zu sparen. Markiere Seiten mit einem Textmarker, schenk das Buch weiter, rede mit Freunden darüber, teile Rezepte und am wichtigsten: Habe Freude dabei!

Viel Spaß beim Lesen ;)

Wie kam dieses Buch in die Welt?

Als Kind habe ich stundenlang im Meer gespielt, bin voller Freude geschwommen und habe mir vorgestellt, mit Meerjungfrauen zu schwimmen.

Ich erinnere mich noch gut daran, wie entsetzt ich war, als das erste Mal eine Plastiktüte im Wasser an mir klebte. Ich wunderte mich, was sie im Meer zu suchen hat.

Hätte mir damals jemand erzählt, dass Plastik ein weltweites Problem ist, hätte ich schon früher damit angefangen, etwas dagegen zu unternehmen. Erst Jahre später hörte ich einen Vortrag über Plastikverschmutzung und ich fragte mich ernsthaft, warum ich noch nie davon erfahren hatte und – viel wichtiger – was ich dagegen tun könnte. Das Erste, was mir einfiel, war, Plastik zu reduzieren und soooo viele Menschen wie möglich von dem Thema wissen zu lassen. Deswegen fing ich an zu informieren und einfach drauflos Texte zu schreiben.

Daraus wurde dieses Buch:)

Als ich in Indien bei einem Clean-up mithalf und andere Dimensionen der Plastikverschmutzung zu Gesicht bekam, wurden mir die Ausmaße des Problems zum ersten Mal hautnah bewusst.

Andere Jugendliche und ich waren stundenlang an einem kleinen Strandabschnitt mit Tüten und Handschuhen bewaffnet beschäftigt, den Müll zu sammeln, aber es nahm kein Ende... und als der Strandabschnitt sauber schien, stellten wir fest, dass unter dem Sand sehr viel Plastik vergraben war. Ich fragte mich ernsthaft, warum ich mich zu Hause so sehr darum bemühte, jedes Fitzelchen Plastik zu sparen, wenn das Problem so überwältigend groß erscheint. Sollte ich das alles nicht einfach sein lassen und das machen, was die meisten in meinem Alter tun, und das Leben genießen? Na ja, das Leben genieße ich, aber Gott sei Dank bin ich aus dieser Schockstarre wieder herausgekommen, denn sie hat sich in Wut verwandelt, die ich dazu nutzte weiterzukommen.

Wut ist keine Lösung, aber ein bisschen davon kann einem den Energiekick geben, nicht in Depression zu verfallen, sondern in Aktion zu treten.

In den Dörfern in Indien waren die Teiche voller Müll. Das Wasser war gekippt und es stank abartig, dabei ist Kerala noch das sauberste Bundesland in Indien!! Ich dachte mir, wie geht das, wie kann man bitte so wenig Respekt vor der Natur haben und seinen Müll einfach in die Umwelt schmeißen? Dann aber ist mir auch bewusst geworden, dass es zum einen oft keine Alternative gibt, da keine funktionierende Abfallversorgung zur Verfügung steht, zudem sind viele Menschen nicht aufgeklärt. Ich habe mit den einheimischen Fischern geredet und ihnen Bilder von Plastik im Fischmagen gezeigt und sie waren total entsetzt und hatten noch nie darüber nachgedacht, was mit dem Plastik am Strand passiert. Aufklärung ist also essenziell!! Und eigentlich wissen wir ja auch nicht so genau, was mit unserem Müll passiert und ob er nicht doch irgendwie in der Natur landet. Was uns unterscheidet, ist, dass wir lediglich räumlich distanzierter von den Müllbergen sind und unser Handeln nicht direkt mit der Umweltverschmutzung in Verbindung bringen, da wir sie nicht unmittelbar vor uns sehen. Deswegen habe ich für mich festgestellt, es geht um etwas Größeres als nur um Plastikabfall. Es geht um unsere Verbindung mit der Natur, die nicht mehr da zu sein scheint. Um unser Bewusstsein, was für Konsequenzen jede Handlung, die wir ausführen, mit sich zieht. All das passiert ja nur, weil wir unser Mitgefühl verloren haben, weil wir uns nicht mit der Erde verbunden fühlen. Das ist der Grund, warum wir alles über Umweltverschmutzung lernen können und doch unser Handeln nicht ändern.

Kleiner Überblick ☺

PLASTIKVERSCHMUTZUNG OVERVIEW

Es gibt verschiedene Bereiche, an denen angesetzt werden kann, um dieser Herausforderung entgegenzuwirken, diese stehen alle im unmittelbaren Zusammenhang und werden hier zur Übersicht getrennt ausgeführt.

- ~ Liebe
- ~ Aufklärung/ Lösungsansätze
- ~ Verwertung
- ~ den Hahn zudrehen
- ~ Clean-up

LIEBE

Falls du dich fragst, was der Anfang des Buches bitte schön mit plastikfreiem Leben zu tun haben soll, hier eine kurze Erklärung:

Es geht über das Verständnis, das ich in den letzten Jahren entwickelt habe und gerne mit dir teilen möchte, dass Naturschutz sehr viel mit unserem Herzen zu tun hat, mit unserem Verständnis über unsere Umwelt. Veränderung kann nicht erzwungen werden und wir müssen zuerst etwas lieben, um es schützen zu wollen.

Umweltverschmutzung kann sehr theoretisch wirken, deswegen liefert dieses erste Kapitel Anregungen, den Ursachen der Zerstörung auf den Grund zu gehen, indem ich mit dir ein paar Geschichten teile, um dies zu veranschaulichen. Lass dich inspirieren und nimm einfach das mit, was du gebrauchen kannst. Danach werden wir das Ganze praktisch besser anpacken können.

AUFKLÄRUNG UND LÖSUNGSANSÄTZE

Dass Plastik nicht gut für die Umwelt und unsere Gesundheit ist, hast du wahrscheinlich schon mal gehört.

Was unser Kunststoffkonsum allerdings wirklich für Konsequenzen mit sich zieht und dass momentan das Recycling alleine nicht die Lösung ist, bleibt oft unklar. Demnach ist es von Bedeutung, ein Verständnis über die Ausmaße von Kunststoffverschmutzung zu entwickeln und gleichzeitig Lösungen an der Hand zu haben, um dem entgegenzuwirken. Dazu findest du in den kommenden Kapiteln viel Info und coole Tipps, was DU machen kannst, um Plastik zu sparen.

VERWERTUNG

Zum anderen muss das Plastik, das schon im Umlauf ist, sinnvoll verwertet werden und in ein nachhaltiges Kreislaufsysthem geführt werden.

Es müssen also neue Wege für eine funktionie-rende und effektive Kreislaufwirtschaft gefunden werden.

Vielleicht hast du ja ein paar nice Ideen, wie man alte Dinge upcyclen kann :)

DER HAHN MUSS ZUGEDREHT WERDEN

Gleichzeitig muss die Produktion von Plastik sin-ken, sonst ist das so, wie wenn man den Hahn an der Badewanne nicht zudreht und gleichzeitig Be-mühungen anstellt, dass sie nicht überläuft.

CLEAN-UP

Der Kunststoff, der bereits in der Natur gelandet ist, z. B. in Flüssen, muss natürlich rausgeholt und daraufhin sinnvoll verwertet werden.

Nur ein Tropfen auf den heißen Stein?

Ja, so mag es uns erscheinen, wenn wir an die Tonnen von Plastik denken im Vergleich zu einer Plastikflasche, die wir heute vermieden haben. Es klingt fast schon unbedeutend...

Aber nein, das ist es nicht, im Gegenteil!!!

Wenn nicht mit kleinen Schritten, wie dann?

Irgendjemand muss doch irgendwann ein Vorbild sein und irgendjemand kann ich und du sein und irgendwann ist JETZT!

Außerdem geht es hier um etwas viel Größeres, als nur plastikfrei zu leben. Es geht um eine Änderung unserer Mentalität.

Wir müssen nicht plötzlich extrem plastikfrei leben, aber achtsamer und liebevoller mit uns selbst und der Umwelt umgehen, das ist der Weg!!!

Verbundenheit ist unsere Stärke, Verbundenheit mit unseren Mitmenschen, mit der Natur und mit dem gesamten Universum.

Das braucht die Welt so dringend: ein Miteinander, ein Lächeln, einen mitfühlenden Blick und die Welt beginnt, um dich zu leuchten.

Ist es nicht wunderschön, jetzt zu leben?

Veränderung entsteht durch LIEBE

Veränderung kann nicht erzwungen werden oder vielleicht kann sie es, aber sie wird nicht von langer Dauer sein, weil sie nicht von Herzen kommt. Wenn wir versuchen, eine Blüte mit Gewalt zu öffnen, wird ihre Schönheit zerstört. Von selbst öffnet sie sich nur von innen heraus, langsam, Blatt für Blatt. Genauso strahlt Veränderung in ihrer vollen Schönheit, wenn sie aus innerer Überzeugung, Inspiration und Dankbarkeit entsteht. Wenn unsere Veränderung aus der Dankbarkeit gegenüber der Natur und dem Sinn für Gerechtigkeit geboren wird.

Als Kind habe ich gerne Fleisch wie Salami oder Schinken gegessen. Ich erinnere mich noch gut an den Tag, an dem sich das auf einen Schlag änderte. Damals bekam ich ein Video zu Gesicht, das zeigte, wie mit Tieren in Massentierhaltung umgegangen wurde.

Trotzdem hatte ich den Zusammenhang zwischen dem, was ich aß, und dem Leid der Tiere nicht wirklich hergestellt und verdrängte die Bilder demzufolge. Doch Monate später kamen mir diese Szenen plötzlich wieder in den Sinn. Nachdem ich den ganzen Vormittag in der Schule war und draußen in der Pause rumgerannt bin, kam ich mittags hungrig nach Hause. Ich machte mir schnell eine Scheibe Brot mit Schinken und dann ist etwas in mir passiert, das ich bis heute nicht erklären kann: Es klickte in meinem Kopf. Zum ersten Mal wurde mir so richtig klar, dass auf meinem Stück Brot eine hauchdünne Scheibe der hinteren Körperpartie eines Schweins lag. Ich konnte nur einen Bissen in das Brot machen, war angeekelt und konnte beim besten Willen nicht weiteressen.

Mein Mitgefühl gegenüber dem Tier überwog.

Etwas später war ich auf dem Demeter-Hof, auf dem die Tiere gehalten wurden, von dem wir unser Fleisch bezogen. Den Tieren ging es dort wirklich prächtig. Süße kleine Küken, die umhersprangen, und quiekende rosa Schweinchen, die fröhlich im Heu spielten. Gleichzeitig überrollte mich eine Welle der Trauer, als ich die wuscheligen Kälbchen sah, die von ihrer Mutter getrennt worden waren, und verstand, dass ich die Tiere von diesem Hof selbst gegessen hatte.

Auch wenn ich sah, dass es den Tieren dort gut ging, überwog meine Liebe zu ihnen und ich kann seitdem kein Fleisch mehr essen.

Damals hatte ich keine Ahnung, dass Umweltschutz und Verzicht auf Fleischkonsum in Zusammenhang stehen. Es war einfach eine natürliche Entscheidung eines Kindes. Auch jetzt fühlt es sich für mich nicht wie ein Verzicht an, es ist einfach etwas, was mir gar nicht mehr in den Sinn kommt. Ich sage damit nicht, dass es grundsätzlich falsch ist, Fleisch zu essen. Mit diesem Erlebnis möchte ich verdeutlichen, dass die Veränderung, die aus Liebe entspringt, langfristig Früchte tragen wird. So ist es keine Strafe, sondern schlichtweg nur eine moralische Entscheidung.

Unser Umfeld wird von unseren Entscheidungen inspiriert.

Seitdem ich vegetarisch bzw. vegan lebe, kocht meine Familie auch anders. Wenn ich zum Beispiel meinen Vater besuche, ist in der Zeit kein Fleisch im Kühlschrank. Meine Oma, die unglaublich gut die bayerische, sehr fleischlastige Küche beherrscht, versucht sich an neuen vegetarischen Rezepten.

Genauso ist es mit dem plastikfreien und minimalistischen Leben: Seit meinen Freunden klar ist, wie sehr es mir am Herzen liegt, Plastik zu vermeiden, bekomme ich ausschließlich nachhaltige Geschenke und sie versuchen sich selbst mal an einer Bambuszahnbürste oder an einem plastikfreien Shampoo. Genauso werde ich durch sie von anderen guten Dingen inspiriert.

Wir können also nicht warten, bis sich die Leute, die an der Macht sind, verändern.

Vielmehr können wir selbst anfangen, uns zu transformieren, und damit andere aktiv oder auch allein durch unser Vorbild positiv beeinflussen.

Ob wir es merken oder nicht, es gibt immer jemanden, der zu uns aufschaut und uns als Vorbild nimmt. Seien es in der Familie die jüngeren Geschwister oder in der Schule die Klassenkameraden oder unser Freund oder Freundin. Auch wenn es den Leuten selbst nicht klar ist oder sie dich nur heimlich imitieren, sind wir Menschen doch soziale

Wesen und orientieren uns aneinander.

So kann Veränderung von Familie zu Familie, Gemeinschaft zu Gemeinschaft, Stadt zu Stadt passieren. Wir alle haben unsere Rolle zu spielen, wie klein sie auch erscheinen mag.

...Space...

Im südindischen Kerala, wo ich einige Zeit verbrachte, bin ich an einem schwülen Nachmittag eine Straße entlanggeschlendert und habe dem Kreischen der Vögel gelauscht, während ich intensiv hoffte, keiner Schlange zu begegnen.

Am Straßenrand sah ich einen indischen Mann mittleren Alters in einem unauffälligen Auto.

Er parkte, stieg aus und überlegte kurz, um sich dann mit ganzer Kraft gegen das alte Vehikel zu stemmen, wodurch es einige Meter nach links rollte.

Ich musste ihn ziemlich komisch angeschaut haben, denn auf meinen verwirrten Blick hin rief er mir auf Englisch (natürlich mit indischem Akzent) zu, dass er sicherstellen wollte, dass genug Platz für andere dort war, so wie wir auch immer ein wenig Platz für andere in unserem Geist lassen sollten. Diese Lektion habe ich mir gemerkt und versuche mich immer wieder daran zu erinnern.

Wir müssen also Raum für andere in unserem Geist schaffen. Unter dem Ganzen „ich, ich, ich, meins, meins, meins" sollte unbedingt auch mal die Frage aufkommen, was für Konsequenzen unsere Handlung für andere mit sich zieht. Wir sollten uns auch immer fragen, was ich für andere tun und wie ich mein Talent für das Wohl der Gesellschaft nutzen kann.

Dare to Dream

Plastikfrei zu leben ist einer von vielen Wegen, denn es gibt so viele tolle Möglichkeiten, die Welt besser zu machen!!! Du kannst deinen persönlichen Pfad entdecken. Finde deine Leidenschaft, für die du brennst, deinen Traum, der dich nachts schlaflos lässt.

Für mich ist es der Traum, gesunde und saubere Meere und Strände zu haben. Der Wunsch, nicht nur zu nehmen, sondern auch zu geben. Ich liebe es, zu schreiben und mit neuen Ideen um die Ecke zu kommen. Deswegen dieses Buch in deiner Hand.

Wage es zu träumen! So findest du heraus, wer du bist, was du willst und was du kannst. Nicht jeder steht gerne auf der Bühne und hält Vorträge oder protestiert ganz vorne in Demos oder organisiert große Events. Das macht nichts, denn es gibt so viele andere Möglichkeiten und Aspekte, die wichtig sind, wenn wir die Welt ein Stückchen besser machen wollen. Jeder hat seine Rolle zu spielen, wie klein sie auch erscheinen mag, wir haben leider oft nur die großen Stars im Kopf und vergessen dabei, wie bedeutend andere Rollen sind. Zum Beispiel erinnern wir uns an den Fußballstar, der das entscheidende Tor im Finale geschossen hat, nicht aber an den Spieler, der ihm die Vorlage geliefert hat, oder wir kennen den Physiotherapeuten, Ernährungsberater und Trainer nicht, der dem Fußballer zum Erfolg verholfen hat. Genauso ist gleichwertig, ob du malst, Reden hältst, übersetzt oder Musik machst.

Sei kreativ, kreiere Apps, designe Flyer, nähe alte Klamotten um, lege deinen eigenen Gemüsegarten an etc. Es gibt so viele Möglichkeiten.

Wenn wir unsere Leidenschaft nutzen, um positive Veränderungen zu bewirken, bringt das Bedeutung und Freude in unser Leben.

„You are not only the drop in the ocean but also the ocean in the drop" ist ein wunderschönes Zitat des Dichters Rumi. Es lehrt uns, dass wir viel mehr sind, als wir denken, dass die gesamte Möglichkeit der Welt in dir steckt und du in der Lage bist, aus diesem Raum heraus zu erschaffen. Jeder und alles wird gebraucht, du bist einzigartig und mit besonderen Fähigkeiten ausgestattet, vergiss das nicht :)

- Habe ich einen Traum?

- Ist es wirklich mein eigener Traum oder der von jemand anderem (Familie, Freunde …)?

- Hilft mein Traum nur mir selbst oder werden auch andere davon profitieren?

- Was fehlt mir in der Welt, was ich ihr gerne geben würde?

- Welche Aktivitäten würde ich machen, auch wenn ich kein Geld dafür verdiene?

- Welche Aktivitäten machen mich mega-glücklich und geben mir ein Gefühl von Er-füllung?

- Was kann ich besonders gut?

- Was würde ich tun, wenn Geld keine Rolle spielt?

- ᔓ Wo stehe ich gerade in Bezug auf mein Projekt?

- ᔓ Wo sehe ich mich in einem Jahr?

- ᔓ Was ist mein konkreter Plan bzw. bis wann möchte ich was erreicht haben? (Stecke dir konkrete Ziele.)

- ᔓ Gibt es besondere Fähigkeiten, die ich gerne lernen würde, um meinen Traum zu erreichen?

- ᔓ Bin ich von Menschen und einem Umfeld umgeben, das mich inspiriert, meinen Traum zu erreichen?

Platz für deine Gedanken

...Über die Flut an schlechten Nachrichten schwimmen...

Ganz ehrlich, momentan geht es überall drunter und drüber und deswegen versuche ich mich oft einfach abzulenken. Wir haben so viele Möglichkeiten wie nie zuvor, uns zu vernetzen und die Welt zu verbessern, werden gleichzeitig aber auch von so vielen Sachen wie Insta meems, Snapchat Flammen oder Tiktok abgelenkt. Wie soll man sich in diesem Chaos noch fokussieren?

Selbst als ich dieses Buch zu schreiben versuchte, wurde ich dauernd von meinem Handy abgelenkt und am Ende hab ich mich auf Insta dumm gescrollt. Hinzu kommen die Nachrichten, die an der Tagesordnung stehen wie Klimawandel, Kriege, Terroranschläge; damit werden wir zusätzlich überflutet. Wenn wir uns alles zu Herzen nehmen, werden wir schnell depressiv und wie versteinert oder sehr wütend. Mich überfordert das grundlegend.

Ehrlich, man weiß gar nicht, wo man anfangen soll, aber es gibt etwas, das mir meine Mutter beigebracht hat, das ich gerne mit dir teilen möchte. Wir können uns auf die kleinen Dinge konzentrieren, die in unserer Macht liegen, und diese ändern.

Das kann in unserer Gemeinschaft sein, wie klein die Aktion auch ist, spielt keine Rolle, Hauptsache, wir unternehmen etwas. Das, was nicht unter unserer Kontrolle ist, können wir annehmen. Das heißt nicht, dass wir es in Ordnung finden, aber sich dauernd über etwas aufregen, was wir nicht ändern können, kostet uns unglaublich viel wertvolle Energie.

Love

Viele Ereignisse in der Welt wie der Klimawandel, Kriege und Armut scheinen überwältigend und unsere natürliche Reaktion als Menschen ist entweder eine Art Schockstarre, in der wir gar nichts mehr unternehmen können, Flucht, indem wir einfach alles ignorieren, oder Kampf gegen den Feind. In diesem Fall sind wir ironischerweise irgendwie selbst der Feind. Dieser Kampf um die Rechte für unsere Natur und die kommenden Generationen kann echt anstrengend sein. Nicht so sehr, wenn wir aus Liebe handeln und wir genau wissen, warum wir tun, was wir tun. Wenn wir aus Liebe handeln, dann wird alles leichter, wenn wir etwas lieben und dessen Wert erkennen, dann wollen wir es schützen, wie eine Mutter ihr Kind. So können wir auch lernen, die Natur als einen Teil von uns zu betrachten, den wir schützen. Wenn ich an das tosende Meer denke, das unendliche Blau, das Klickern der Delfine, dann wird mir warm ums Herz.

Wenn ich an die Schildkröten denke, die in Plastik verheddert um ihr Leben ringen, oder an die Kinder, die im Müll und verseuchtem Wasser spielen, dann weiß ich, warum ich all das hier mache!! Weil ich die Erde liebe und sie unseren Respekt verdient hat!!

Ohne die Natur ist das Leben unmöglich für uns! Wir können lernen, die Natur zu respektieren und im Einklang mit ihr leben. Denn uns muss klar sein, wir brauchen eine intakte Natur, um in Frieden als Menschheit zu leben! Wenn wir jetzt nicht handeln, dann werden Grenzen überschritten, die nicht mehr rückgängig gemacht werden können, und großes Leid wird folgen: Kriege, Flüchtlinge, Hunger, Durst und Gewalt sind vorprogrammiert.

...wir sind nicht alleine...

Es gibt immer eine offene Tür, wir müssen aber zumindest zu ihr hinlaufen und sie aufdrücken. Ich bin von Natur aus eine sehr skeptische Person und vergesse dabei, dass nicht jeder so ist. Bei kleinen Aktionen, die ich gemacht habe, haben sich Dinge oft gefügt und ich bin auf fremde, hilfsbereite Menschen gestoßen...

Einmal organisierte ich zusammen mit einer Freundin ein Film-Event, mit dem Zweck, Spenden für Bäume zu sammeln. Zwei Wochen vorher streiften wir durch die Münchner Innenstadt, um Werbeplakate für die kommende Benefizveranstaltung aufzuhängen. Zu meinem absoluten Erstaunen waren sehr viele Läden offen sowie hilfsbereit und hängten unsere Plakate vorne an die Türen, auch wenn sie sonst eigentlich keine Flyer oder Ähnliches auslegten. Ein aufmerksamer Herr, der gerade an der Kasse eines Supermarktes seine Einkäufe bezahlte, bot uns sogar an, Plakate mitzunehmen und selbst aufzuhängen.

So tauchen immer wieder Menschen wie aus dem Nichts auf, die uns selbstlos unterstützen. Es gibt viele Türen, die uns offenstehen, wir müssen es aber wagen, den ersten Schritt zu gehen. Wir sind mit unserem Wunsch, die Welt zu verbessern, nicht allein!

Gegen den Strom schwimmen?

Manchmal bin ich einfach nur erschöpft davon, gegen den Strom zu schwimmen.

Es fühlt sich oft so an: Ich geh links, alle anderen rechts oder so.

Aber dann erinnere ich mich wieder, worum es eigentlich geht. Es geht hier nicht um mich, sondern vielmehr um das Wohlergehen der Menschheit, des Planeten, um unsere Zukunft. Außerdem ist das nur ein Gefühl. In Wirklichkeit gibt es sehr viele Menschen, die alles für eine gute Zukunft geben. Wenn ich mit guten Freunden rede und mich mit Gleichgesinnten verbinde, flammt wieder Hoffnung in meinem Herzen auf.

Es ist klar: Ohne eine intakte Natur kann die Menschheit nicht überleben. Diese Abhängigkeit sollte uns bewusst sein. Wir sollten dankbar sein für alles, was uns die Natur gibt. Wasser, Nahrung, Luft, Wärme, Regen. Manchmal muss man sein Ego beiseiteschieben und sich erinnern, es ist o.k., anders zu sein. Vergiss nicht, dass niemand je einen Unterschied gemacht hat, indem er war wie jeder andere auch. Wir sind alle Teil dieser Erde, wir gehören alle zusammen und doch ist jeder einzigartig. Es ist die Vielfalt in der Einheit, die unsere Erde so wundervoll macht.

...Auch Konsum ist ein Kreislauf...

Die Vögel im riesigen Rudraksha-Baum kreischten und ich schwitzte trotz des lauten Ventilators, der über meinem Kopf klapperte, während ich einem Vortrag in Indien lauschte. Der Mönch im orangenen Gewand erklärte, dass unser Konsum einem bestimmten Muster unterliegt:

Requiring, preserving, grieving.

Ich habe erstaunt festgestellt, dass dieses Muster auf mich zutrifft.

Die meiste Zeit verbringen wir, indem wir Dinge erwerben und diese erhalten.

Manchmal ist der Aufwand, Dinge zu erhalten, sogar größer als der Aufwand, den wir betrieben haben, um sie zu kaufen.

Nehmen wir mal ein großes Beispiel wie ein Haus, um das zu verdeutlichen. Wir arbeiten hart, um es uns leisten zu können, aber wir arbeiten noch härter, um es zu erhalten. Es ist eine lebenslange Aufgabe. Wenn uns der Erhalt des Hauses finanziell nicht mehr möglich ist, sind wir bekümmert. Dasselbe mit Autos. Wir kaufen ein Auto. Erst erwerben wir es und sind megahappy, dann sind wir damit beschäftigt, es zu erhalten und zu reparieren, und am Ende ärgern wir uns, weil es uns so viel kostet und kaputtgeht.

Das kann man auf alles übertragen, Materielles, Position oder Beziehungen.

Wir Menschen orientieren uns immer an dem Verhalten der anderen, möchten dazugehören, akzeptiert und geliebt werden, aber gleichzeitig individuell sein.

Besonders uns jungen Leuten ist es ganz wichtig dazuzugehören. Es macht viel aus, in welchem Umfeld wir uns bewegen, wir definieren uns durch unsere Kleidung, unseren Style, die Sprache, unsere Besitztümer. Aber was wären wir, wenn wir unseren Wert nicht durch Besitztümer definieren würden?

Stell dir mal vor, unser Wert untereinander in der Gesellschaft ist durch unseren Wert als Mensch gekennzeichnet, durch unseren Charakter, unsere Werte, die wir vertreten.

Das wäre soooo cool...

In Indien habe ich viele Menschen getroffen, die mich durch ihre einfache Lebensweise inspiriert haben. Wie zum Beispiel eine Mutter und ihre sechsjährige Tochter. Sie wohnen in einem sehr kleinen Zimmer zu zweit und darin sind all ihre Besitztümer, das sind sicher nur halb so viele Sachen, wie ich besitze. Zwei Matratzen auf dem Boden, eine kleine Kochnische, eine Spielecke mit vielen Kuscheltieren und ein Altar. Tatsächlich kenne ich wenige so strahlende und glückliche Menschen wie sie. Was ich damit ausdrücken möchte, ist, dass dadurch etwas deutlich wird, was ich oft höre, aber ich dennoch oft vergesse: Glück hängt nicht von einem Gegenstand ab, sondern von unserer Einstellung.

Wir können uns, bevor wir etwas kaufen, auf jeden Fall ehrlich fragen, ob wir die Sache wirklich benötigen, um uns Zeit zu sparen und Ressourcen zu sparen.

Ich habe während Corona mit der Kon Marie Methode total aussortiert, alles, was ich nicht brauche, verkauft und verschenkt, mein Zimmer umgestellt und neu gestrichen. Jetzt hat alles seinen Platz und ich brauche kaum Zeit, um aufzuräumen oder zu putzen, das ist so eine Erleichterung.

Kann ich nur empfehlen:)

Zukunft?

Ich finde, es ist schon lange an der Zeit, alles beiseitezulegen, was uns trennt, es ist an der Zeit aufzuhören, mit dem Finger auf andere zu zeigen und ihnen die Schuld und Verantwortung zu geben. Stattdessen sollten wir zuerst unser eigenes Verhalten ändern und Vorbilder sein. Auf diese Weise werden auch andere inspiriert sein und dem Beispiel folgen. Unser Zeitfenster zu handeln schrumpft, gleichzeitig werden die Herausforderungen immer größer. Wir glauben, wir haben Zeit, aber mal ehrlich, nicht einmal unser nächster Atemzug liegt in unserer Hand! Das Leben ist kurz und unterliegt konstanter Veränderung!!

Zeit ist unglaublich wertvoll, wenn wir 1000 Euro verlieren, können wir sie uns wieder zurück erarbeiten, wenn wir aber eine Sekunde verschwenden, ist sie für immer verloren.

Die Zukunft liegt in den Handlungen und Entscheidungen, die wir im Jetzt treffen. Es ist nicht leicht, sich das einzugestehen, aber es ist unsere Verantwortung. Gegenüber der Natur und den folgenden Generationen!!! Ich habe das Gefühl, wir Menschen sind so beschäftigt, von einem zum Nächsten zu rennen, Profit zu machen, größer, schneller zu werden, dass wir vergessen, was wirklich wichtig im Leben ist, dass wir vergessen, wer wir sind. Wir müssen uns wieder mit der Erde verbunden fühlen, um etwas zu ändern!!! Deswegen lautet mein Slogan: *The best protection for our ocean is love.* Der beste Schutz für unsere Ozeane ist Liebe.

Die Zukunft der Menschheit liegt nicht nur in großen technischen Erfindungen oder wirtschaftlichem Wachstum, die Zukunft der Menschheit liegt im Menschsein. Mitfühlend zu sein und fürsorglich zu sein. Es scheint, als ob wir auch vergessen haben, wie cool wir eigentlich sind, dass es innere Schönheit und Potential in uns gibt. Wir brauchen jedes Stück und in dir steckt etwas Besonderes.

Oft werde ich gefragt, was ich denke, wie all das hier enden wird. Gibt es eine lebenswerte Zukunft für die nachfolgenden Generationen? Ich sage ihnen, ich weiß es nicht, aber ich habe Hoffnung und bin positiv gestimmt! Wir haben einfach keine Zeit dafür, über die Zukunft zu brüten und uns Sorgen zu machen. Stattdessen sollten wir handeln und unser Verhalten ändern. Jetzt handeln. Weil jetzt ist der einzige Zeitpunkt, der in unseren Händen liegt und uns zu einer guten Zukunft verhelfen kann. Wenn ich eine Klausur in der Schule schreibe, bringt es ja auch nichts, wenn ich währenddessen besorgt über das Ergebnis bin.

Wir müssen unsere Zeit so gut wie möglich nutzen, im Moment leben und gleichzeitig gut für die Zukunft planen und uns Ziele stecken.

...connect to nature...

Sich mit der Natur zu verbinden, klingt ehrlich nach esoterischem Quark, dabei ist es das Natürlichste der Welt. Diese Überschrift ist eigentlich unpassend, weil wir ja bereits mit der Natur verbunden sind, der Mensch versucht zwar immer, sich über sie zu erheben, aber das ist nicht möglich, weil sie ein Teil von uns ist und wir sie brauchen.

Nur ist uns offensichtlich diese Tatsache nicht bewusst.

Menschen meinen, alles kontrollieren zu können und zu müssen, aber unser Herzschlag, Vulkanausbrüche, der Wind oder unsere letzten Atemzüge liegen nun mal nicht in unserer Hand. Wenn wir die Bedeutung und Größe der Natur verstehen, dann werden wir bescheidener und sie mehr wertschätzen. Wir brauchen alles, was uns die Natur gibt, die Luft, das Wasser, das verbindet uns alle, wir alle atmen dieselbe Luft, wir alle trinken dasselbe Wasser, wir alle sitzen in einem Boot, ob es uns passt oder nicht. Uns alle wird der Klimawandel treffen, manche früher, manche später, aber die Erde ist eben rund und gehört damit allen. Das Problem von jemand anderem wird morgen zu unserem. Es ist eine Frage der Zeit. Demnach ist es zu unserem eigenen Vorteil, anderen zu helfen, die Natur zu schützen. Es schützt uns und die kommenden Generationen und gibt uns ein gutes Gefühl, weil wir wissen, dass es wichtiger denn je ist, das zu erhalten, was uns Leben gibt.

Die Erde kommt auch ohne uns klar, sie muss nicht gerettet werden, aber wir müssen es.

Sich mit der Natur verbinden heißt demnach einfach, nicht übermäßig zu konsumieren und auch mal etwas zurückzugegeben, es heißt, dankbar zu sein, es heißt, barfuß rumzurennen, sich in die Wiese zu legen und einfach mal nichts tun. Es bedeutet, sich bewusst über die Bedürfnisse deines Umfelds zu sein, vielleicht brauchen Vögel eine kleine Wasserstelle, um sich zu baden… Es geht darum, flexibel zu sein, wie ein Fluss, der einfach um den Stein herumfließt. In der Natur ist nichts linear, sondern ein Kreislauf, nichts wird verschwendet, alles ist aufeinander abgestimmt.

Wir haben die Verbindung nicht verloren, aber vergessen. Der einfachste Weg ist, wieder mehr nach draußen zu gehen, achtsamer zu sein, um die Wunder der Natur zu erleben, Kinder mehr rauszulassen und mit der Natur vertraut zu machen.

Wir brauchen eine natürliche Umgebung, um glücklich zu sein

Einmal hatte ich in der Nacht heftig Nasenbluten, ich übernachtete bei einer Freundin, und als es nach 20 Minuten einfach nicht aufhören wollte zu bluten, weckte ich sie schließlich.

Mein Kreislauf war kurz vor dem Zusammenbrechen, ich zitterte am ganzen Körper und lag auf dem Küchenboden. Ich starrte auf die weiße Wand über mir, die dieselbe Farbe wie mein Gesicht gehabt haben musste. Meine beste Freundin meinte, **komm schon, schau die Zimmerpflanze an,** das beruhigt, daraufhin entfuhr mir ein Lachen, weil ich mir sicher war, dass sie einen Witz riss. Warum sollte mich eine Pflanze beruhigen? Trotzdem starrte ich angestrengt auf die großen grünen Blätter.

Ich weiß nicht, woran es lag, jedenfalls hörte mein Nasenbluten kurz danach endlich auf. Tatsächlich haben Pflanzen eine positive Wirkung auf unsere Gesundheit.

Die Natur zu betrachten, senkt nachweislich den Blutdruck und den Puls. Genau wie die Farbe Grün, die beruhigend und erholsam wirkt. Statistische Studien zu Wirkungen von Naturräumen auf die physische Gesundheit finden sich schon in den 1980er-Jahren. In einer Studie untersuchten Forscher die Genesung von stationären Patienten nach einer Gallenblasenentfernung. Bei ansonsten vergleichbaren Bedingungen machte der Blick aus dem Fenster den Unterschied. Die eine Gruppe schaute auf eine Wand des gegenüberliegenden Hauses, die andere hingegen auf eine Gruppe von Bäumen. Die Ergebnisse zeigten deutlich, dass es den Personen mit Blick auf die Natur besser ging, z.B. wurden sie alle früher entlassen und erhielten weniger Schmerzmittel.

Mittlerweile sind die positiven Auswirkungen der Natur auf unsere mentale und körperliche Gesundheit vielfältig belegt. Die Natur lässt uns leichter entspannen, verbessert unsere kognitive Leistungsfähigkeit und hebt die Stimmung. Die frische Luft und das Sonnenlicht können auch dazu beitragen, den Schlaf zu verbessern und das Immunsystem zu stärken. Menschen, die regelmäßig Zeit im Freien verbringen, haben ein geringeres Risiko für bestimmte chronische Erkrankungen wie Herzkrankheiten und Diabetes. Darüber hinaus beugen Aufenthalte in der Natur psychischen Erkrankungen vor oder unterstützen die Behandlung. Das Projekt „Doctor Forest" arbeitet mit vielen Universitäten in Europa zusammen und untersucht, wie sich Natur, insbesondere der Wald, auf uns Menschen auswirkt. Die Forscher sind zu dem Ergebnis gekommen, dass allein schon die Anzahl der Bäume vor der Haustür das Risiko für Depressionen senkt. Das ist eine entscheidende Erkenntnis, denn laut Schätzungen der WHO soll bis zum Jahr 2030 Depression die häufigste Krankheit weltweit sein. Wir brauchen die Natur also nicht nur für Nahrung und Wasser, sondern auch für unser allgemeines Wohlbefinden. Die Gefahr für depressive Erkrankungen ist in der Stadt eineinhalb mal höher als auf dem Land, wie eine schwedische Studie von 2018 belegt hat.Tatsächlich werden 2050 Schätzungen zufolge zwei Drittel der Menschen rund um den Erdball Stadtbewohner sein. Umso wichtiger also, dass wir eine intakte Natur erhalten, uns um sie kümmern und sie nicht vermüllen.

- ~ frische Luft bewusst atmen

- ~ Dankbarkeit üben

- ~ nichts verschwenden

- ~ Umgebung bewusst wahrnehmen

- ~ lächeln

- ~ geben

- ~ spazieren gehen

- ~ barfuß durch die Wiese laufen

- ~ auf Bäume klettern

- ~ Zeit bewusst ohne Handy verbringen

- ~ Sonnenuntergang oder -aufgang beobachten

- ~ zelten

- ~ unter freiem Himmel schlafen

- ~ einen Baum umarmen

- dich mit Menschen umgeben, die dich inspirieren

- Hochbeet anlegen

- Gemüse selber pflanzen

- schwimmen gehen

- Vögeln Futter hinlegen und sich an deren Anblick erfreuen

- ein Insektenhotel bauen

- im Regen tanzen

- lachen

- Strandspaziergang

- ein Bild in der Natur malen

- Yoga oder Meditation im Freien praktizieren

- picknicken

- wandern

- einen Schneemann bauen

- in Stille Zeit in der Natur verbringen

- ∼ gärtnern

- ∼ bewusst saisonales Essen kochen

- ∼ Samenbomben machen

- ∼ ein Lagerfeuer machen

PLATZ FÜR DEINE IDEEN:

____

____

____

____

____

____

CHALLENGE:

Beispiel: Ich nehme mir vor, jeden Tag 30 Minuten im Wald zu spazieren.

Danke für deine Einstellung, die Welt zu verbessern!

Ich freue mich echt, dass du dieses Buch gerade in der Hand hältst - das bedeutet, du hast dich entschieden, unseren Ozeanen zu helfen :-)

Das habe ich auch.

Warum?

Ich erzähle dir mal kurz ein paar Tatsachen.

War dir jemals bewusst, dass pro Minute so viel Plastikmüll in das Meer gelangt wie in einen Müllwagen passt?

Mittlerweile befinden sich bereits 150 Millionen Tonnen Plastik in den Weltmeeren und trotzdem kommen jedes Jahr weitere 10 Millionen Tonnen dazu.

Plastik ist also ein Riesenproblem, das uns alle angeht.

Unser Kunststoff verseucht die Ökosysteme, tötet Tiere und macht unseren Körper krank. Weil wir keine Zeit finden, ist alles so schnell geworden. Vielleicht zu schnell.

Schneller Genuss, schnelle Entsorgung, schnell billige Ware.

Dadurch ist unsere Erde allerdings zur Müllhalde geworden.

Mit diesem Buch möchte Serve our Earth dir Mut machen und dich auch dafür begeistern, der Erde und der Menschheit zu helfen!!

Zero-Waste ist auch echt gesünder, es hilft dir, achtsamer zu leben und natürlich macht es mega Spaß. Na – schon Lust bekommen, Plastik zu vermeiden?

Es ist unsere Aufgabe, die Harmonie in der Natur wiederherzustellen. Wenn nicht wir, wer sonst? Wenn nicht jetzt, wann dann? Jeder Einzelne zählt!

Viel Spaß :-)

?
INFORMATIONSTEIL

Was ist Plastik?

„Aber aus was ist Plastik jetzt?"

Das Wort Plastik leitet sich von dem griechischen Wort „plassein" ab und bedeutet so viel wie leicht formbar.

Und genau hier liegt der Knackpunkt.

Da Plastik leicht und formbar ist, kann es vielseitig eingesetzt werden, man kann also alles Mögliche daraus machen - vom Flugzeugflügel bis zur Flasche.

Der Begriff Plastik gehört umgangssprachlich zu einer Gruppe von Materialien synthetischen Ursprungs.

„Hä?"

Auf Deutsch: Kunststoffe. Diese entstehen durch eine Abfolge chemischer Reaktionen aus organischen Rohstoffen, hauptsächlich aus Erdöl und manchmal auch aus Erdgas. Je nach Herstellungsweise können Kunststoffe verschiedene Eigenschaften haben: transparent oder nicht, hart oder flexibel.

Also Stuhl oder Frischhaltefolie.

„Aha."

Für 1 Kilo Kunststoff braucht man 2 Liter Erdöl!

Kunststoffe bestehen hauptsächlich aus langen Kohlenwasserstoffverbindungen. Diese nennt man übrigens auch Polymere. Sehr vereinfacht gesagt ergibt eine Mischung aus Polymeren und Zusatzstoffen eine formbare Kunststoffmasse.

Die langen Elemente aus sich wiederholenden Molekülgruppen kommen auch in der Natur vor, z. B. in Pflanzenzellen. Seide, Haare und die Erbsubstanz DNA sind also auch Polymere. Jedoch sind die, aus denen Kunststoff besteht, künstlich hergestellt worden. Sie können nicht zersetzt werden, sondern zerfallen nur in kleine Teile.

Aber seit wann gibt es Kunststoff eigentlich?

Die Geschichte von Plastik

Meine Oma holte Milch noch in der Milchkanne und Mehl vom Bauern im Sack. Plastik gibts tatsächlich in der heutigen Form und Masse noch gar nicht so lange. In den 50er-Jahren begann der große Plastikboom.

Die Leute waren natürlich begeistert, es war revolutionär! Plastik war nicht fragil wie Glas oder reißbar wie Papier. Die sogenannte Tupperware war unter anderem das neue Highlight, Werbung verlockte nur so zum Kunststoffkauf.

Mit der wachsenden Konsumgesellschaft, der Technik und dem Generationswechsel kam in den 70er-Jahren Einwegplastik hinzu. Plastik war inzwischen so unfassbar günstig zu produzieren, dass man es nach einer Verwendung genauso gut wegwerfen konnte.

Ein einschneidender Faktor war auch, dass 1978 Coca Cola entschied, die Glasflasche durch eine Plastikflasche zu ersetzen.

Jetzt produziert der Konzern im Sekundentakt Tausende Kunststoffflaschen. Pro Jahr sind es 88 Milliarden. Heute haben nur ein paar Dutzend

Unternehmen die Fäden in der Hand, sie stellen den Großteil der Produkte her, die später als Abfall zurückbleiben. Die führenden Kunststoffkonzerne haben ihren Hauptsitz in einigen wenigen Ländern (USA, Großbritannien, Saudi-Arabien, Schweiz, Deutschland, Italien und Südkorea), produzieren aber in mehr als 200 Ländern.

Wir Menschen haben es also tatsächlich hinbekommen, innerhalb zweier Generationen den Planeten total zu vermüllen!!

Ganze 8,3 Milliarden Tonnen Plastik wurden zwischen 1950 und 2015 produziert.

Jetzt spielt es keine Rolle, ob du dich in der Wüste, im Weltraum oder in der Küche befindest: Kunststoff findest du überall.

Mal ehrlich, leg das Buch für eine Sekunde weg und frag dich, ob du einen Platz ohne Plastik kennst. Ich zumindest nicht.

Ich dachte lange, alleine die Verbraucher sind das Problem in der Plastikkrise und klar, es stimmt, wenn jeder Bürger viel Plastik konsumiert, dann entsteht ein Problem.

Aber mal ehrlich, plastikfrei leben wird uns nicht einfach gemacht, die meisten Dinge im Supermarkt sind nun mal in Kunststoff verpackt und es wird ständig mit diesem und jenem geworben: geschnittener Obstsalat in Plastik, Sushi to go, was weiß ich...

Weil uns die Zeit fehlt und es ja definitiv bequem ist und der Müllmann unsere Tonne wöchentlich leert, wo ist das Problem ? Ich fragte mich, was ist mit den Unternehmen, wie können sie es verantworten, mehr und mehr Kunststoff in die Welt zu bringen? Wie kann das bitte sein, wenn doch jeder sieht, dass Plastik ein Problem ist. Wie kann man das rechtfertigen?

Eine Studie der Initiative Back to Blue schätzt, dass sich der Plastikverbrauch in den G-20-Ländern bis 2050 fast verdoppeln könnte, wenn keine weiteren Maßnahmen ergriffen werden. Wir müssen also schnellstmöglich etwas ändern!!!! Die Industrie kommt mit einer Lösung um die Ecke: Recycling. Dabei übernimmt sie aber in den wenigsten Fällen die Verantwortung dafür, dass das auch wirklich geschieht. Im besten Fall produziert die Industrie Verpackungen, die recycelbar wären!!

Die Verpackungen könnten dann zumindest recycelt werden, aber tatsächlich passiert das kaum. **Weltweit wurden bisher nur 9% des Kunststoffes, der je produziert wurde, recycelt!** Von der Industrie wird uns eine Kreislaufwirtschaft versprochen, aber momentan ist das im großen Stil einfach unmöglich, die Kosten dafür und die Arbeit sind nicht tragbar.

Keiner möchte die Verantwortung übernehmen. Besonders Entwicklungsländer haben mit mangelnder Abfallversorgung zu kämpfen.

Uns Verbrauchern werden also konkrete Dinge vermittelt, sodass wir mit gutem Gewissen weiter konsumieren können. Dazu gehört auch, dass besonders der globale Süden an der Kunstoffverschmutzung schuld ist, wir im globalen Norden können demnach ohne schlechtes Gewissen unsere Plastikindustrie vergrößern.

Auch sollte klar sein, dass die Verpackungshersteller Designs entwerfen, die uns zum Einkaufen verführen und uns ein gutes Gefühl verleihen! Oft handelt es sich um Greenwashing wie Milchverpackungen, die braun sind, aber nicht aus recycelten Papier, oder Verpackungen, die außen Papier haben, aber innen Plastik etc.

Ein anderer Trick der Industrie ist, uns zu vermitteln, dass die Plastikverschmutzung nur ein

Problem der Weltmeere sei und wir uns deshalb auf ihre Säuberung konzentrieren sollten.

Natürlich ist Plastik in den Ozeanen ein gravierendes Problem, aber unsere Aufmerksamkeit wird dadurch vor allen Dingen dorthin gelenkt, dabei vergisst der Verbraucher, dass der Konsum an sich reduziert werden muss und die eigentliche Quelle dieser Misere ist.

UND JETZT?

Wir müssen also mit Kaufentscheidungen und **friedlichen Aktionen ein klares Zeichen dagegen setzen.**

Wir können nicht warten, bis die Industrie sich ändert, das wird so schnell nicht passieren, weil die Nachfrage so hoch ist. Es ist fast, wie wenn wir darauf warten, dass die Wellen auf dem Meer aufhören. Deswegen sollten wir zeigen, dass es auch anders geht, neue nachhaltigere Wege finden und gegen den Massenkonsum, der uns vorgelebt wird, protestieren. Ein nachhaltiger plastikfreier Einkauf sollte für alle einfach zugänglich und finanzierbar sein!

Recycling

Recycling ist ein modernes Wort für das Natürlichste der Welt, ein Kreislauf.

Alles auf der Erde unterliegt einem Kreislauf. Egal ob der Wasserkreislauf, der Kohlenstoffkreislauf, unser Atem, die Jahreszeiten, alles ist ein Zyklus.

Die moderne Konsumgesellschaft scheint sich dagegenzustellen.

Wir trinken einen Kaffee, um den To-Go-Becher nach 5 Minuten wieder wegzuwerfen, wir schätzen den Wert der Dinge nicht mehr. Dabei ist Plastikmüll genauer betrachtet etwas Wertvolles, da es sich um ein Produkt aus Rohstoff handelt.

Da wäre doch Recycling die perfekte Lösung dafür, oder?

Was passiert mit dem Plastik in Deutschland?

„Wohin verreist das Plastik, wenn wir es in Deutschland in den Müll schmeißen?"

Das ist eine gute Frage – wer kümmert sich um die riesigen Mengen von Müll? Ich kann es dir verraten:

Nachdem wir unseren Müll in den gelben Sack geworfen haben und er von der Müllabfuhr abgeholt worden ist, kommt er zunächst einmal in eine Mülltrennungsanlage.

„Hä? Aber der Müll ist doch schon sortiert!"

Na ja, nicht ganz: Dort wird der Kunststoff in verschiedene Sorten und Größen sortiert. Dann wird er entweder recycelt, verbrannt oder ins Ausland exportiert.

Für alle, die es ganz genau wissen wollen, hier eine detaillierte Beschreibung:

In der Mülltrennungsanlage wird das Plastik mithilfe von Maschinen zunächst in verschiedene Größen sortiert. Danach geht es darum, die einzelnen Kunststoffarten auseinanderzuklamüsern. Die Förderbänder für die Plastikberge können 14 Kilometer lang sein!

Zu den aktuell besten Trennungstechniken für die einzelnen Kunststoffarten gehört ein Nahinfrarot-Scanner.

„Was is denn det?"

Der Müll wird beleuchtet und ein Sensor erfasst das zurückgestrahlte Licht. So kann die Maschine die einzelnen Plastiksorten voneinander unterscheiden und sortieren.

Nachteil: Schwarzes Plastik kann, obwohl es recycelbar wäre, nicht sortiert werden, da es nicht erkannt wird. Packungen mit einer Extra-Folie, einer sogenannten Stretchfolie, können auch nicht recycelt werden.

„Was für eine Folie?"

Stretchfolie! Die Flasche wäre recycelbar, die Folie, die um die Verpackung gewickelt ist, aber nicht.

Plastik mit Aluminiumresten (Joghurtbecher, Frischkäsepackung) wird nicht von der Maschine erkannt. Solche Verpackungen werden dann nicht recycelt.

Aus diesen Gründen landet rund die Hälfte des gesammelten Materials in der Verbrennung und gilt damit als energetisch verwertet.

Der restliche Kunststoff wird in viele verschiedene Plastikarten sortiert. Dieser sortenreine Kunststoff kann schließlich recycelt werden.

„O.k., kapiert.”

WIE WIRD RECYCELT?

Im Dezember 1991 wurde der Grüne Punkt in Deutschland eingeführt. „History Time!“

Die Idee dabei ist, dass Verpackungen wiederverwertet werden. Diese sollten also entweder in den gelben Sack oder die gelbe Tonne, in den Glas- oder in den Altpapiercontainer.

Das Prinzip ist eigentlich einfach, jedoch in der Umsetzung ein wenig unrealistisch. Damals sowie heute weiß man manchmal nicht so recht, wohin mit dem Müll.

Das Problem fängt schon bei der Mülltrennung an:

In Deutschland sind mehr als ein Drittel des Abfalls in den gelben Säcken oder Tonnen Fehlwürfe.

„Wie bitte – ein Drittel?“

Der offizielle Anteil von verwertetem Plastik liegt laut Umweltbundesamt bei 46 Prozent werkstofflich und weniger als ein Prozent rohstofflich. Die übrigen 53 Prozent Kunststoff werden in Heizöfen oder Zementfabriken verbrannt, das gilt dann als „energetisch verwertet“. Deshalb spricht das Umweltbundesamt davon, dass nahezu 100 % der gesammelten Kunststoffabfälle verwertet werden. Unser Müll macht rund 70 Prozent des Brennstoffs in der deutschen Zementproduktion aus.

Tatsächlich stoßen europäische Müllöfen rund 52 Millionen Tonnen CO2-Emissionen im Jahr aus. Es sollte dir also klar sein, dass „verwertet" auch verbrannt heißen kann! Wie hoch ist also die Chance, dass deine Chipspackung recycelt wird?

Wertstoffe, die nicht verwendet werden, landen entweder auf Mülldeponien innerhalb der EU oder werden ins Ausland verschifft.

Leider gilt auch exportierter Müll nach deutschem Recht als recycelt.

Für das Recyceln muss der Kunststoff noch ein weiteres Mal aufwendig aufbereitet werden. „Was bedeutet das jetzt?"

Das Plastik wird erst geschreddert. Anschließend wird es stundenlang gewaschen, um von Gerüchen und Schmutz befreit zu werden. Aus dem getrockneten Material werden dann mittels eines Scanners alle Flocken sortiert. So hat das Plastik am Ende die gleiche Qualität wie neu gewonnenes Material.

Danach wird das Ganze eingeschmolzen und dann wieder eingesetzt.

Ist das wirklich besser für die Umwelt?

Auf den ersten Blick ist es definitiv umweltfreundlicher.

Es muss weder Rohöl befördert noch aufbereitet und transportiert werden.

Also können auch alle weiteren chemischen Prozesse, die mit CO2-Emissionen verbunden und energieintensiv sind, gespart werden.

„Klingt gut."

Wenn nicht nur sortenreines Plastik, sondern auch Mischkunststoffe verarbeitet werden, nennt man das Downcycling. Das ist also die Verarbeitung von Kunststoff minderer Qualität.

Es gibt inzwischen viele sinnvolle Einsatzbereiche für diesen günstigen sekundären Rohstoff, zum Beispiel Bänke oder Regentonnen.

NACHTEILE

„Wo ist der Haken bei der Sache?"

Recyceltes Plastik ist in der Herstellung teurer als neues. Klar, dass Konzerne Geld sparen wollen. Deswegen entscheiden sie sich für billiges neues Plastik, welches direkt aus der Produktion kommt, anstatt für teuren minderwertigen Kunststoff.

Zudem können Lebensmittelhersteller aufgrund geltender Bestimmungen ihre Ware nicht in recyceltes Plastik stecken.

Daher werden Joghurtbecher und Chipstüten fast ausschließlich aus virginem Material hergestellt. Darüber hinaus wird bei der Gewinnung von recyceltem Plastik viel Energie und Zeit gebraucht, z. B. wird extrem viel Wasser für das Reinigen benötigt.

Auch entsteht bei der Waschung von PET Mikroplastik. Wie schon erwähnt, werden in den Waschstraßen von Recyclingfirmen die Plastikflakes, bevor sie eingeschmolzen werden, unter

Druck gewaschen. Hier entsteht dann der Abrieb von Kunststoff, der daraufhin in die örtliche Kanalisation gelangt.

Das Problem ist, dass weder die Filter der Recyclinganlagen noch die der Kläranlagen für die winzigen Partikel gemacht sind. Kurz gesagt landet bis zu 10% PET-Mikroplastik deshalb auf Äckern, Flüssen und schlussendlich im Meer.

DAS FAZIT IST ALSO:

Recycling spart CO_2 und Rohstoffe, das ist äußerst wichtig.

Laut einer Studie des Fraunhofer Instituts werden beispielsweise beim Kunststoffrecycling mehr als 50 % der CO_2-Emissionen im Vergleich zur Verwendung von Neugranulat aus Rohöl eingespart. Allerdings lenkt es vom eigentlichen Problem ab. Es sollte klar sein, dass Recycling nicht die Lösung für das Plastikproblem ist. Wir können uns aus der Plastikflut nicht herausrecyceln! Nur wenn eine Verpackung recycelbar ist, heißt das noch lange nicht, dass sie recycelt wird.

Tatsächlich wurden bisher nur 9% des jemals hergestellten Kunststoffes recycelt.

Dies bedeutet, dass die verbleibenden 91% des Plastiks noch in der Natur sind, auf Deponien liegen oder verbrannt wurden. Ein Grund dafür ist, dass Hersteller neue Kunststoffe für ihre Produkte bevorzugen, nicht nur wegen der besseren Qualität, sondern vor allem, weil neue Kunststoffe weniger Geld kosten. Unser gegenwärtiges Recyclingsystem ist demnach nicht so effektiv, wie es erscheint. Es ist wie bei so vielen Umweltthemen komplexer, als es auf den ersten Blick aussieht. Ja: Eine nachhaltige Kreislaufwirtschaft ist die Zukunft und unglaublich wichtig, momentan ist das System aber nicht genug, um etwas zu verändern, dazu muss sich unser Konsum reduzieren. Am nachhaltigsten ist es also, Plastik so gut wie möglich zu vermeiden.

Warum wird Plastik ins Ausland exportiert?

„Stimmt es, dass meine Chipspackung eine Fahrt übers Meer macht und dann auch noch drin badet? Macht sie Urlaub?"

Zahlreiche EU Länder, Großbritannien, Australien, Japan und die USA exportieren Plastikabfälle in Länder des globalen Südens. Im Jahr 2021 exportierte die EU beispielsweise 1,1 Millionen Tonnen Plastikmüll in Nicht-EU-Länder – mehr als zwei Drittel davon in die Türkei, nach Malaysia, Indonesien und Vietnam. Tatsächlich war Deutschland mit 694.000 Tonnen auch 2023 größter Exporteur von Kunststoffabfällen in der EU.

Die geringen Lohnkosten bei der Sortierung von Plastik sind einer der Gründe, warum westlicher Abfall in das Ausland exportiert wird.

Ganz einfach: Weil das dort noch mit der Hand gemacht wird. Was aus Europa, den USA oder Australien zu teuer oder zu aufwendig zu recyceln ist, wird dann unter anderem nach Indonesien geschickt.

In Deutschland gibt es hohe rechtliche Vorgaben. Eigentlich muss alles, was wir an Müll exportieren, angemeldet werden. Zudem darf er nur an zertifizierte Recyclingbetriebe abgegeben werden. Also zählt auch der exportierte Müll in Deutschland als recycelt.

Bis 2018 war China weltweit der größte Abfallkäufer. Das hat sich inzwischen geändert, da China die Importrestriktionen verschärft hat. Seitdem hat sich der Export von Plastik auf andere Länder verlagert.

WAS IST DAS PROBLEM?

Nicht erfasst sind Abfälle, die auf illegalem Weg die Grenze überqueren. Es gibt immer wieder Berichte über illegale Exporte von falsch deklariertem Plastikmüll. So werden an illegalem Müllhandel jährlich 11 bis 12 Millionen Dollar verdient.

In Ländern wie Indonesien verdienen viele Menschen ihren Lebensunterhalt, indem sie den Müll sortieren und den Wertstoff anschließend an lokale Plastikhersteller verkaufen.

„Aber was hat man davon, wenn man MÜLL verkauft?"

Plastik ist Geld für sie. Mittlerweile gibt es dort sogenannte Plastikbauern; sie entscheiden sich, den ganzen Tag in riesigen Müllbergen zu stehen und Abfall zu sortieren, anstatt auf dem Feld zu arbeiten.

Die Ernte fällt nicht immer gut aus. Plastik aus aller Welt ist aber das ganze Jahr über reichlich da. Ein weiterer Grund ist, dass sie durch diesen Job auch meist besser bezahlt werden. Angeblich wird der Rest an Plastik, der nicht recycelbar ist, in Fabriken verheizt.

Aber das ist nur die halbe Wahrheit – vieles wird auch in Dörfern unter freiem Himmel verbrannt, und das ist sehr schädlich für die Menschen.

Neben der mühsamen Arbeit mit unserem Abfall geben wir Europäer dort noch etwas anderes ab: die Verantwortung für die Reste, die nicht recycelbar sind.

Die Drähte, in denen das Plastik geliefert wurde, und die Asche liegen in riesigen Bergen in den Dörfern. Die Böden und die Luft werden also verseucht.

„Warum machen wir das?"

Die armen Länder wissen nicht einmal, was sie mit ihrem eigenen Plastik machen sollen.

Wegen der überforderten oder nicht vorhandenen Entsorgungssysteme landet das Plastik dann auch im Meer.

Warum Plastik sparen?

Plastik begleitet uns auf Schritt und Tritt, beim Einkaufen, im Bad, in der Küche – es ist allgegenwärtig. Deshalb ist es aus dem Leben der meisten Menschen kaum mehr wegzudenken. Natürlich ist Plastik auch praktisch: Es ist leicht, spart Zeit und hält Lebensmittel frisch.

Aber: Wenn unsere Ozeane und seine Bewohner eine Stimme hätten, würden sie sich sicher ganz schön beschweren, denn wir vermüllen sie rücksichtslos und nehmen den Tieren ihren Lebensraum weg!

Wusstest du, dass es bis zum Jahr 2050 mehr Plastik als Fische im Meer geben wird?

Gerade treiben um die 150 Millionen Tonnen Müll im Meer. Doch das bleibt nicht so. Jedes Jahr kommen weitere 10 Millionen Tonnen dazu.

Die Industrie meldet Jahr für Jahr Zuwächse, unser Bedarf an Plastik steigt. Damit wächst auch das Umweltproblem. Tiere und Menschen leiden!

Keiner möchte dafür verantwortlich sein.

Wie landet das Plastik im Meer?

Das Meer ist mehr, als du denkst! Die Bedeutung der sensiblen Ökosysteme in den Meeren kann nicht hoch genug eingeschätzt werden.

Wusstest du, dass die Ozeane 50% unseres Sauerstoffes produzieren?

„WOW!"

Aber wie gelangt unser Plastik jetzt ins Meer?

Haupttransportwege sind Flüsse, da sie eine Verbindung zwischen Land und Meer bilden. Laut einer Studie sind 10 Flüsse dieser Welt für 80% unseres Abfalls im Meer verantwortlich.

„Welche?"

Die Flüsse liegen in China und anderen Ländern Asiens. Der Kunststoff wird dort oft gar nicht oder nicht hinreichend gesammelt, recycelt und entsorgt.

In Indonesien, Vietnam, Thailand und China betrifft das durchschnittlich ganze 75% des Plastikmülls!

„Stimmt es, dass meine Kekspackung aus Deutschland im Pazifik landet?"

Global gesehen kommt 80% des Kunststoffs über Umwege ins Meer und 20% landet dort direkt. Also schauen wir uns das Land mal genauer an.

In ärmeren Ländern landet Plastik oft direkt in der Natur. Wenn der Müll überhaupt eingesammelt wird, kommt er häufig auf unsichere Deponien. Durch Wind und Unwetter kommt der Kunststoff in Flüsse und über diese dann auch ins Meer.

Doch der Abfall kommt nicht nur von der asiatischen Bevölkerung, sondern auch von uns, da ein Großteil des Plastiks von Ländern wie Deutschland exportiert wird.

Es gibt aber auch immer wieder illegale Müllentsorgung im Meer. „Oho – kriminell!"

Zudem wächst die Weltbevölkerung so schnell, dass in manchen Gegenden die Müllentsorgung nicht mehr hinterherkommt. Außerdem gelangt Mikroplastik, das z. B. aus Putzmitteln und Kosmetik stammt, über das Abwasser in das Meer. Dort wird das Mikroplastik von Plankton aufgenommen und davon ernähren sich Fische, Muscheln und Seevögel. Die Tiere erkranken oft aufgrund eines geschwächten Immunsystems.

„Also der Fisch isst Plastik, wir essen Fisch, damit essen wir auch Plastik?"

Wie gelangt Plastik

80% des Kunststoffs weltweit gelangen über indirekte Wege ins Meer.

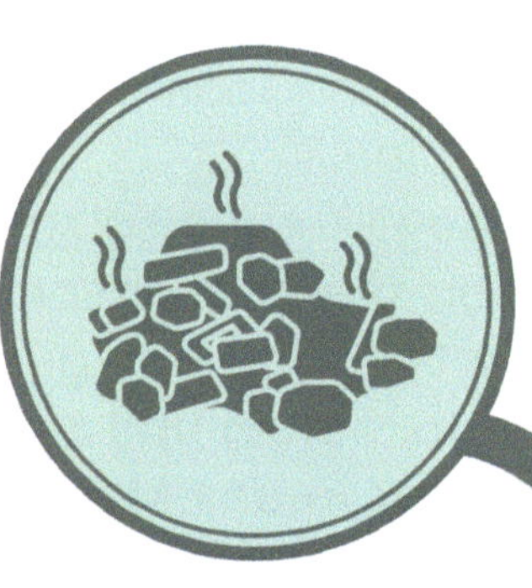

In ärmeren Ländern findet sich Plastikmüll häufig in der Natur oder auf unsicheren Deponien. Müll kann durch Wind und extreme Wetterereignisse in Flüsse und schließlich ins Meer transportiert werden.

Die Hauptwege, über die Plastikmüll in die Meere gelangt, sind Flüsse.

Mikroplastik aus z.B. Autoreifenabrieb, Reinigungsmitteln, Kleidung und Kosmetika gelangen über das Abwasser in die Ozeane.

Mehr als ein Drittel des Mikroplastiks im Meer stammt aus Textilien. Kunstfasern aus Fleecejacken, Sportkleidung und T-Shirts lösen sich beim Waschen und gelangen über das Abwasser ins Meer.

Tiere und Plastik

Die noch großen Plastikteile werden von Tieren wie Schildkröten, Delfinen und Walen mit Nahrung verwechselt. Ihre Mägen verstopfen und sie verhungern mit vollem Magen.

„OMG!!!"

135.000 Meeressäuger und eine Million Vögel sterben im Jahr aufgrund von Kunststoff, der im Meer treibt.

Seevogel füttern an ihre Jungen auch häufig Plastik, da sie es nicht von ihrer normalen Nahrung auseinanderhalten können. Natürlich überleben die Jungvögel das oft nicht.

Auch sterben unzählige Tiere qualvoll, weil sie sich in den Plastikstrudeln verheddern.

Mittlerweile gibt es im Meer eine „Plastikinsel", die fast so groß ist wie Mitteleuropa. Der sogenannte Great Pacific Garbage Patch.

Manche Tiere schwimmen mit Plastikmüll in Gegenden, in denen sie normalerweise nicht vorkommen, was das natürliche Gleichgewicht der dortigen Pflanzen und Tiere durcheinanderbringen kann.

Meeresschildkröten spielen eine entscheidende Rolle in den Ozeanen, doch mittlerweile sind ALLE Arten vom Aussterben bedroht. Ihr größter

Feind ist Plastik. Forschungen zufolge haben 52 % der Meeresschildkröten weltweit Plastikmüll gefressen. Junge Meeresschildkröten tragen deutlich mehr Plastik im Körper als ausgewachsene Tiere. Nur ein kleines scharfes Stück Kunststoff reicht, um sie innerlich verbluten zu lassen. Der dramatische Rückgang der Schildkröten betrifft natürlich auch die sensiblen Ökosysteme.

Mikroplastik

„Stimmt das? Ist Plastik wirklich in meinem Erdbeer-Duschgel?"

Das Schlimme ist, dass, wenn Plastik erst einmal im Ozean gelandet ist, es Jahrhunderte braucht, bis es sich zersetzt. Im Laufe der Zeit zerfällt es zunächst in immer feinere Teilchen. Wenn diese kleiner als 5 Millimeter sind, nennt man das Plastik Mikroplastik.

Eine PET-Flasche braucht etwa 450 Jahre, bis sie Mikroplastik wird.

Mikroplastik richtet weitere Schäden an:

Plankton ist eine der größten Nahrungsquellen im Meer. Wale, Fische, Delfine, Rochen und viele andere Meerestiere ernähren sich davon.

Mikroplastik wird mit dem Plankton aufgenommen, weil die Tiere das Mikroplastik mit Plankton verwechseln. Die Tiere erkranken oft aufgrund eines geschwächten Immunsystems. Forscher haben festgestellt, dass der im Great Pacific Garbage Patch in einigen Bereichen das Verhältnis von Plastik zu Plankton 6:1 beträgt.

„Krass!"

Da die Tiere Mikroplastik zu sich nehmen, gelangt es in die Nahrungskette und landet früher oder später auf unserem Teller. Man nennt das sekundäres Mikroplastik.

Aber Mikroplastik ist nicht nur im Meer – es ist wirklich überall zu finden, sogar auf dem Mount Everest und im Starnberger See.

„Wo ist am meisten Mikroplastik drin? Hundertpro in Kosmetik!"

Kosmetik macht nur 2% aus. Tatsächlich ist der größte Verursacher von Mikroplastik Kleidung, danach kommen Autoreifen.

Was ist das Problem bei Kleidung?

„In meinem Lieblingspulli ist Plastik? Das glaub ich nicht!!"

Warum ist in Kleidung so viel Mikroplastik enthalten?

Das ist einfach – die meiste Kleidung wird aus Chemiefaser produziert.

Synthetische Fasern stammen aus verarbeitetem Erdöl. Es gibt verschiedene Arten von Plastikstoffen, z. B. Polyester.

Diese Fasern werden häufig in der Textilindustrie verwendet, da sie kostengünstig, langlebig und vielseitig einsetzbar sind.

„Wie jetzt? Damit tragen wir alle Plastik am Körper!"

Mit jedem Waschgang gelangt Mikroplastik in das Abwasser, zum einen durch die Kleidung und zum anderen auch durch das Waschmittel, welches meistens selbst Mikroplastik enthält.

Der größte Anteil an Mikroplastik fällt als Rückstand bei der Produktion an. Der gesamte Fasermarkt ist zu circa 75% von synthetischen Stoffen abgedeckt.

Auch Naturstoffe sind , wenn sie in Mengen hergestellt werden, nicht umweltfreundlich, z. B. wegen dem Einsatz künstlicher Farbstoffe und wegen den vielen Pestiziden, wie sie beim Baumwollanbau eingesetzt werden.

„Na toll - und jetzt soll ich aufs Shoppen verzichten?"

Die Antwort ist wie so oft: Die Mitte ist der Weg. Reduziere einfach deinen Konsum. Du wirst merken, dass dies auch befreiend wirken kann.

Eine andere gute Möglichkeit ist, Secondhand zu kaufen, um Rohstoffe zu sparen.

Achte beim Kauf von Putzmitteln und Shampoo darauf, dass kein Mikroplastik enthalten ist.

!TIPP:

Damit du den Überblick behältst, empfiehlt sich hier, die App Code Check herunterzuladen. Mit dieser App kannst du Produkte einscannen und so schnell und einfach Kosmetik ohne Mikroplastik ausfindig machen.

WARUM TUT MAN DENN PLASTIK IN KOSMETIK?

Zum einen wird Mikroplastik für Peeling benutzt – dieses können wir sogar mit bloßen Augen sehen. Das meiste jedoch sind Kunststoffe, die als Bindemittel dienen. Sie sind in der chemischen Reaktion stabil und dazu noch günstig.

GIBT ES VERSCHIEDENE ARTEN VON MIKROPLASTIK?

Es gibt primäres Mikroplastik, das industriell hergestellt wird. Das ist das, was auch in vielen Peelings vorhanden ist.

Sekundäres Mikroplastik sind kleine Plastikteile, die aus dem Zerfall von Kunststoff entstehen. Dazu zählen Fasern, die aus Kleidungsstücken ausgewaschen werden.

Plastik und die Auswirkungen auf unseren Körper

Tatsächlich nehmen wir im Durchschnitt wöchentlich 5 Gramm Plastik auf.

Aber wie ist das möglich? Plastik hat doch nichts in unserem Körper zu suchen!

Mikroplastik kann über verschiedene Wege in uns gelangen, beispielsweise durch Nahrung, Wasser und Luft. Einmal im Körper, können diese winzigen Plastikpartikel in verschiedene Organe und Gewebe eindringen.

Unglücklicherweise ist Mikroplastik fast überall zu finden, egal ob im Blut, Sperma oder neuesten Studien zufolge sogar im Gehirn.

Plastik richtet nicht nur in der Natur, sondern auch in unseren Körpern Schäden an.

„ABER warum?"

Damit aus Erdöl Kunststoff wird, sind giftige Zusatzstoffe nötig, wie u.a. Weichmacher (Phthalate).

Außerdem werden dem Kunststoff vielfach Farb- und Duftstoffe zugesetzt. Leider sind diese nicht fest im Kunststoff gebunden, sondern lösen sich mit der Zeit heraus. Da Phthalate fettlöslich sind, können sie auch aus der Verpackung in Nahrungsmittel übergehen, etwa in Wurst oder Käse.

„Iiiiiigitt"
    Laut Forschungen des Umweltbundesamtes tragen wir alle diese Schadstoffe in uns. Kinder haben eine 2- bis 5-fach höhere Belastung als Erwachsene.

„Aber wie wirkt sich das jetzt auf meinen Körper aus?" Diese giftigen Chemikalien können zu Gesundheitsproblemen wie Krebs und neurologischen Störungen führen. Zudem können Mikroplastikpartikel Entzündungen im Körper verursachen und das Immunsystem beeinträchtigen sowie zu Schäden an Organen wie Leber und Nieren führen. Studien haben gezeigt, dass Mikroplastik auch hormonelle Veränderungen verursachen und das Fortpflanzungssystem beeinträchtigen kann.
Demnach spielt Mikroplastik in der zunehmenden Unfruchtbarkeit vor allen Dingen bei Männern eine entscheidende Rolle. Jedoch sind die Auswirkungen von Mikroplastik auf den menschlichen Körper noch nicht vollständig erforscht, da es sich um ein relativ neues Forschungsgebiet handelt.

„Wenn das stimmt, trinke ich nie wieder aus Plastikflaschen."

PLASTIK MEIDEN!

Wer sein Essen frisch kocht, ist klar im Vorteil, da Fertiggerichte und Fast Food in Plastik verpackt sind und dadurch schnell Mikroplastik enthalten.

Also keine Sorge, denn sobald du Plastik vermeidest, gehen die Schadstoffe im Blut schnell wieder runter.

Geisternetze

Wusstest du, dass verlorene Fischernetze ein Riesenproblem für unsere Ozeane sind?

Nein?

Ich vor Kurzem auch nicht.

Stellnetze können sich durch Stürme losreißen oder bei Schiffsunfällen ins Meer gelangen. In südlichen Ländern kommt es auch heute noch vor, dass Fischernetze im Meer entsorgt werden. Besonders bei der illegalen Fischerei, wenn Fischer befürchten, erwischt zu werden, lassen sie auf der Flucht ihre Netze im Wasser zurück. Die riesigen Netze geistern herrenlos durchs Meer; deshalb bekamen sie den Namen Geisternetze.

„Ohhh - spooky!"

Nur in den europäischen Meeren verschwinden jedes Jahr mehr als 1000 Kilometer Netze im Wasser.

„Aber warum ist das so schlimm?"

Die Netze fischen sozusagen weiter und stellen deshalb eine große Gefahr für Tiere dar.

Seit den 1960er-Jahren werden Fischernetze nicht mehr aus leicht abbaubaren Naturstoffen wie Leinen oder Hanf gemacht, sondern aus synthetischen Stoffen. Deshalb verrotten verlorene Netze am Meeresgrund erst nach 400 bis 600 Jahren.

Nicht nur Fische werden in den Geisternetzen gefangen, auch Delfine, Wale, Meeresschildkröten und Tauchvögel verheddern sich.

Weltweit treiben Millionen alte Fischernetze in den Meeren – alleine in der Ostsee gehen jedes Jahr bis zu 10.000 Netzteile verloren.

Die Entsorgung von Fischereigerät auf See ist in Europa verboten. Was passiert aber, wenn ein Fischer ein Netz verliert?

Wenn ein Netz verloren geht, ist der Fischer verpflichtet, es zu bergen. Wenn das nicht geht, muss er es melden. Jetzt liegt die Verantwortung beim jeweiligen Staat. Aber es gibt dann keine Pflicht, gemeldete Netze aus dem Meer zu bergen.

Laut der Naturschutzorganisation WWF besteht mindestens ein Drittel des weltweiten Plastikmülls in den Ozeanen aus Fischereigeräten, vor allem Netzen.

Plastik heizt das Klima an

Wusstest du, dass Plastik während seines Lebenszyklus zum Klimawandel beiträgt?

PRODUKTION:

Die Neuproduktion von Kunststoff verschlingt Ressourcen, da die Herstellung von Plastik auf Erdöl und Erdgas basiert. Das Gewinnen dieser Rohstoffe sowie die Produktion von Kunststoff setzen erhebliche Mengen an Treibhausgasen frei.

NUTZUNG:

Während der Nutzung von Plastikprodukten entstehen in der Regel keine direkten Emissionen. Allerdings tragen Einwegprodukte und die kurze Lebensdauer vieler Plastikartikel zur erhöhten Nachfrage und damit zur Produktion bei.

Die Entsorgung von Plastik, insbesondere durch Verbrennung, setzt CO2 und andere schädliche Gase frei. Forscher der University of Hawaii haben herausgefunden, dass Kunststoff auch bei der Zersetzung Treibhausgase freisetzt. Laut der Studie sollen alle Kunststoffe Methan absondern. Der Kunststoff Polyethylen am meisten, dieser ist leider auch der meistproduzierte und landet somit auch am häufigsten in der Umwelt.

Die Studie „Plastic & Climate: The Hidden Costs of a Plastic Planet" (2019, Center for International Environmental Law (CIEL)) schätzt, dass die Produktion und Verbrennung von Plastik im Jahr 2019 weltweit etwa 850 Millionen Tonnen Treibhausgase freigesetzt hat. Bis 2050 könnten diese Emissionen auf 2,8 Milliarden Tonnen pro Jahr ansteigen, was etwa 10-13% des gesamten verbleibenden Kohlenstoffbudgets entspricht, um die globale Erwärmung auf 1,5°C zu begrenzen.

Der Lebenszyklus von Plastik verursacht weltweit jährlich mehr CO2-Emissionen als der gesamte Luftverkehr.

Allgemeines Fazit

Es ist also unglaublich wichtig, Plastik im Alltag zu vermeiden.

Hier geht es nicht um irgendeine Kleinigkeit, sondern um unsere Gesundheit, Frieden in der Gesellschaft und die Zukunft unserer wunderschönen Ökosysteme.

Das Schöne ist: Gemeinsam können wir viel verändern, den Tieren und dem Meer helfen und unseren Klimawandel verlangsamen.

LASST UNS EIN TEIL DER LÖSUNG WERDEN.♡

Alternativen? –
Bioplastik

WAS IST DAS ÜBERHAUPT?

Biomasse nennt man biologisch abbaubare Erzeugnisse aus dem Pflanzenanbau. Biobasierter Kunststoff wird also aus nachwachsenden Rohstoffen wie Zuckerrohr, Weizen oder Mais hergestellt. Biobasierte Kunststoffe sind allerdings nicht unbedingt biologisch abbaubar. Einige können sich genauso verhalten wie herkömmliche Kunststoffe und bleiben lange in der Umwelt bestehen.

„Mhhh."

WAS IST DIE HERAUSFORDERUNG?

Bei Bioplastik gibt es keine klare Definition. Deshalb kann es sein, dass Produkte, obwohl sie als „biobasiert" gekennzeichnet sind, nur zum Teil aus Biomasse bestehen und zum Teil aus fossilen Rohstoffen. Zudem können auch Biokunststoffen schädliche Zusatzstoffe beigemischt werden.

Bioplastik gefährdet Tiere und Co., wenn es im Meer oder anderswo in der Natur landet, denn leider kann es nur unter bestimmten Bedingungen, z.B. bei hohen Temperaturen, abgebaut werden.

Zudem werden Pflanzen für die Herstellung der Biokunststoffe in den meisten Fällen auf landwirtschaftlichen Flächen angebaut. Das kann bedeuten, dass der Anbau in Konkurrenz zur Nahrungsversorgung steht oder zur Abholzung von Waldflächen beiträgt.

IN DIE GELBE TONNE ODER DOCH IN DEN BIOMÜLL?

Bioplastik wird in den meisten industriellen Kompostieranlagen nicht angenommen, da es nicht als Bioplastik erkannt, sondern als Fehlwurf angesehen wird. So wird es aussortiert und letztlich doch verbrannt.

Das Problem ist: Bioplastik braucht für die Zersetzung länger, als der Kompost in der Anlage verbringt. Zudem zersetzen biologisch abbaubare Kunststoffe sich häufig erst bei höheren Temperaturen, die industrielle Kompostieranlagen in der Regel nicht bieten und auch kein heimischer Kompost.

WICHTIG: Biobasierte Kunststoffverpackungen müssen in die gelbe Tonne! Sie dürfen keinesfalls in die Biotonne gegeben werden.

Der Vorteil ist, dass Bioplastik nicht aus dem endlichen Rohstoff Erdöl hergestellt wird. Zudem gilt es als klimaneutral. Wenn weiterhin an den Materialien geforscht wird, kann sich die Umsetzung und Entsorgung wesentlich verbessern.

FAZIT

Biokunststoffe sind nur dann umweltfreundlicher, wenn ihre nachwachsende Rohstoffbasis nachhaltig gewonnen wird, am besten aus Pflanzenresten, die ohnehin anfallen, und wenn sie wirklich in einen Kreislauf geführt werden. Also am besten sollte Bioplastik in einem eigenen System erst gesammelt, dann verarbeitet und schließlich auch wiederverwertet werden. Auf diese Weise hätte sich der Kreislauf geschlossen. Das ist der Idealfall.

Momentan sind sie aber kein nachhaltiger Ersatz für erdölbasierte Kunststoffe.

Das Umweltbundesamt kommt zu folgendem Fazit: „Aus vergleichenden Ökobilanzen einfacher Gegenstände und Verpackungen wissen wir, dass sich die Umweltauswirkungen nicht wesentlich verbessern, wenn die Rohstoffe biobasiert sind statt fossil basiert."

!
LÖSUNGEN

Aber hey – don't worry, be happy – also keine Angst, ich möchte dir Mut machen und zeigen, dass es viele Lösungen gibt:

Informieren ist nötig, aber das deprimiert auch schnell. Deswegen ist es mir wichtig, das Ganze mit Freude im Herzen anzupacken, denn nur das bringt wirklich was.

Veränderung beginnt bei uns selbst. Es hat keinen Wert zu warten, bis die großen Kunststoffkonzerne sich umstimmen lassen, wir müssen JETZT ein Zeichen setzen, bevor es zu spät ist.

Hier mal ein kleiner Überblick zu den Grundsätzen von Zero Waste:

REDUCE:

Reduziere deinen Plastikkonsum generell.

REUSE:

Verwende Dinge wieder (also auch erst mal aufbrauchen, was man hat, bevor man was Umweltfreundliches kauft).

RECYCLE:

Recyceln, was an Müll anfällt.

Also – lebe die Veränderung, die du dir in der Welt wünschst. 😊
Jippi! Los geht's mit den Solutions!

Kreislaufwirtschaft

Eine Kreislaufwirtschaft ist ein Wirtschaftssystem, das darauf abzielt, Ressourcen zu erhalten, Abfälle zu minimieren und die Umweltbelastung zu reduzieren, indem Produkte und Materialien so lange wie möglich genutzt und wiederverwertet werden. Im Gegensatz zum linearen Wirtschaftsmodell, bei dem Produkte nach Gebrauch weggeworfen werden, strebt die Kreislaufwirtschaft an, den Lebenszyklus von Produkten zu verlängern und die Materialien wieder in den Produktionsprozess einzuführen.

WIE KANNST DU DAZU BEITRAGEN?

···→ Verzichte auf übermäßigen Konsum, frage dich davor ehrlich, ob du den Gegenstand, den du kaufst, wirklich benötigst. Frage dich einmal ernsthaft: Wie viel und was brauche ich wirklich, um glücklich zu sein?

Schaue dir doch mal die Bücher von Marie Kondo dazu an. ☺

(verlängert die Lebensdauer der Produkte und schont die Ressourcen)

KAUFE deine Sachen online, z. B. bei Secondhandanbietern wie ebay, Vinted oder Sellpey. Dort findest du eine riesige Auswahl gut erhaltener Waren, die nur nutzlos bei anderen Leuten herumstehen. Du kannst dort auch selbst gut erhaltene Dinge, die du nicht mehr benötigst, verkaufen.

TAUSCHE alte Kleidung oder Gegenstände mit Freunden, Familie und Nachbarn. Du kannst zum Beispiel eine Kleidertauschparty veranstalten.

STÖBERE auf Flohmärkten in der Stadt oder schaue doch mal in einem Seconhandladen vorbei.

LEIHE DIR ETWAS: Wenn du etwas für einen bestimmten Anlass zu einmaligem Gebrauch benötigst, wie ein Abschlussballkleid oder Deko für ein Fest, frage doch mal Freunde und Familie, ob sie dir etwas von sich leihen können.

Schau, was deine Nachbarn gebrauchen könnten, vielleicht benötigt ein junges Pärchen in der Nähe ein gut erhaltenes Spielzeug oder Kleidung oder vielleicht kannst du einer älteren Dame aus der Nachbarschaft Reis aus dem Unverpacktladen mitbringen. Es ist schön und wichtig, sich gegenseitig zu unterstützen, und nebenbei trägst du damit zu einem nachhaltigen Lebensstil bei.

Wenn du auf dem Land lebst, erstelle eine Dorf-Whatsapp-Gruppe, wo die Leute Dinge zum Verkauf oder so reinstellen können.

Du kannst dich auch z.B. bei der Plattform *nebenan*.de anmelden, die für einen Austausch unter Nachbarn sorgt.

REPAIR CAFÉ

Ein Repair Café ist wie eine kleine Veranstaltung zum gemeinsamen Reparieren von Möbeln, Elektrokleingeräten, Kleidung, Fahrrädern, Möbeln oder Spielzeug. Du kannst z.B. deinen kaputten Toaster erst dorthin bringen, anstatt einen neuen zu kaufen. Ehrenamtliche Helfer stehen zur Verfügung und helfen dir beim Reparieren.

Schau doch mal, ob es ein solches Café bei dir in der Nähe gibt, vielleicht hast du es nur noch nicht bemerkt. ☺

Tipps für einen guten Start in das plastikfreie Leben

CHALLENGE

Mach dir selbst eine kleine Challenge und nehme dir beispielsweise vor: „Diese Woche werde ich Obst und Gemüse nur lose kaufen und Joghurt im Glas."

Es ist wichtig, dass wir uns konkrete Ziele stecken, um in unserem vollen Alltag nicht den Faden zu verlieren!

Du kannst auch vorher und nachher ein Bild von deinem Abfalleimer machen und du wirst dich freuen - der Müll ist geschrumpft!

DAS nehme ich mir vor:

THE RIGHT ATTITUDE AND POSITIVE MINDSET IS A MUST

Ein großer Tipp ist: Handle mit Freude, Überzeugung und Begeisterung! Denk daran - du hilfst unserer Erde, du hilfst der gesamten Menschheit, du bist also ein Teil der Lösung.

Hört sich das nicht schön an?

Unsere Gedanken und Einstellung beeinflussen sooo sehr unser Handeln.

Frag dich jetzt mal kurz ernsthaft: Warum möchte ich das? Wenn das Warum klar ist, dann ist das Wie - mit welchen Hürden es auch verbunden sein mag - nebensächlich.

Mit diesem positiven Gedanken wird alles zu einem freudigen Fest.

BALANCE IS ART

Von einem Tag auf den anderen auf alles zu verzichten und sich alles zu verbieten, bringt uns auch nicht so richtig weiter.

Also, nehme dir realistische Ziele vor!

Also step by step… gehts zum Zero Hero!

Finde deinen persönlichen Weg und bilde dir eine eigene Meinung!

Das hier in diesem Buch ist nur ein kleiner Teil der Lösungen, es gibt so viele Wege und Möglichkeiten!

MUTIG

Geh mutig voran mit der Überzeugung im Herzen, dass du das Richtige tust. Traue dich zum Beispiel das Personal hinter der Theke zu fragen, ob du den Käse in eine Brotzeitbox packen kannst. Manchmal ist es gut, auch einfach hartnäckig zu bleiben.

Ich war am Anfang immer verunsichert, aber mittlerweile ist es mir egal, wenn das andere komisch finden, weil ich überzeugt bin, das Richtige zu tun.

KREATIV

Kreativität ist jetzt gefragt. Alte Wäschenetze können für Obst und Gemüse genutzt werden. Auch alte Kleidung oder Vorhänge können zu Stofftaschen oder kleinen Säckchen für den Einkauf umgenäht werden. Marmeladengläser kannst du zur Aufbewahrung für Lebensmittel nehmen, wenn du einen Unverpackt-Laden besuchst.

Wir tendieren erst mal dazu, alles neu kaufen zu wollen, dabei haben wir oft schon viele Dinge zu Hause, die wir nur umfunktionieren müssten.

Bevor du einkaufen gehst, überlege dir, was du eigentlich kaufen willst. Stofftasche, Obstnetze und Brotboxen sollten auf alle Fälle im Gepäck sein. Du wirst sehen: Mit der Zeit wird das zur Gewohnheit und nicht zu zusätzlichem Aufwand.

Plastikfrei beim Einkaufen

Wie leicht es ist, beim Einkaufen auf Plastik zu verzichten, hängt auch vom Ort ab.

In manchen Städten gibt es nah gelegene plastikfreie Läden und Alternativen, in anderen leider nicht.

UNVERPACKT-LADEN

WAS IST DAS?

Das ist ein Laden, wo es fast alles gibt, was nicht in Plastik verpackt ist.

Die Produkte sind in großen Spendern und du kannst dir daraus deine Nudeln, Reiskörner und vieles mehr abfüllen lassen.

WIE GEHT DAS?

Du bringst Beutel und Behälter selbst mit.

Diese wiegst du im Voraus, schreibst das Gewicht auf einen Aufkleber, den du anschließend auf das Gefäß klebst.

Dann geht's los mit dem Einkaufen. An der Kasse wird dann das Gewicht des Behältnisses von der Anzeige der Waage abgezogen.

WAS GIBT ES DORT?

Eigentlich gibt es alles, was du für den Alltag brauchst:

Wasch- und Putzmittel, Zahnpasta, Schokolade, Getreide, Hülsenfrüchte bis hin zu Käse, Obst und Gemüse.

WO?

Wenn du wissen willst, wo es in deiner Nähe einen Laden gibt, dann findest du auf www.utopia.de eine Übersicht.

Einkaufstipps

GROSSEINKAUF

Wenn du vorhast, Kosmetikrezepte selbst zu machen, empfehle ich einen Großeinkauf in einem gut sortierten Bioladen. Da gibt es Sheabutter, Olivenseife, Rasierseife etc. plastikfrei.

Wenn du lieber im Internet bestellst, gibt es auch dort plastikfreie Alternativen.

PACK 'NE TASCHE

Es ist echt praktisch, eine Einkaufstasche zu haben, in der schon alles drinnen ist, also Obstnetze, Brotbeutel und -boxen. So bist du für alle Fälle ausgerüstet.

LOS GEHT'S! STELLE DEINE EINKAUFSTASCHE ZUSAMMEN! Was soll reinkommen?

Obstnetze

WOCHENMARKT

Wenn du in der Stadt lebst, bin ich mir sicher, dass es mindestens einmal die Woche einen Markt gibt.

Wie du sicher weißt, bekommst du dort Honig im Glas, Obst, Gemüse, Wurst, Käse etc. unverpackt und regional.

Wenn das für dich eine Option ist, empfehle ich dir einfach, an diesem Tag den Wocheneinkauf zu erledigen.

KLEINE LÄDEN

In kleinen Läden und Bioläden gibt es häufig auch schon Bambuszahnbürsten, Zahnpasta im Glas oder ein paar Basics wie Müsli zum Abfüllen.

Wenn nicht - sei mutig!!

Sprich die Besitzer darauf an und frage, ob sie so etwas in ihr Sortiment nehmen könnten.

VON DER THEKE

Käse, Wurst und Oliven gibt es von der Theke - ob im Discounter oder im Feinkostladen.

Laufe nicht wie üblich zum Kühlregal für den abgepackten Käse, sondern gehe an die Theke, um dir den Käse zu holen.

EIERSCHACHTELN

Ein Tipp, um Verpackung zu sparen, ist, seine Eierschachtel immer wieder zu verwenden. Also kaufe ich die Eier lose (am besten bio).

Lose Eier gibt es in vielen Supermärkten oder auch auf dem Wochenmarkt.

GLAS

Milch, aber auch Schokopudding, Ziegenfrischkäse u. a. gibt es mittlerweile im Pfandglas. Kleine Bemerkung am Rande: Für die Veganer unter euch gibt es auch Pflanzenmilch im Glas.

Typische Fragen und Situationen

WENN DU NICHT VORBEREITET BIST

„Oh nein! Ich habe meinen Stoffbeutel vergessen!"

Verpackungsmaterial sparen ist manchmal leichter gesagt als getan.

Wenn du mal spontan im Supermarkt stehst und deinen Stoffbeutel vergessen hast – was dann? Ganz einfach – du kennst doch sicher die Plätze im Einkaufsladen, an denen z. B. Bananenkartons in der Ecke gestapelt sind? Diese werden so oder so weggeworfen. Wenn keine solchen Kartons oder Kisten herumstehen, frag das Personal. Dann packst du deine Einkäufe in den Karton – einfach und nachhaltig!

EINMAL KEKSE!!! ABER BITTE IN XXL!

Wer kennt das nicht? Nach der Schule oder Arbeit noch schnell in den Supermarkt, aber keinen eigenen Abfüllbehälter dabei.

Wenn du noch schnell mal eine Packung Nudeln oder Kekse kaufen willst, dann nimm in diesem Fall lieber die große Packung, das SPART Geld und – am wichtigsten! – PLASTIK.

BÄCKER STATT DISCOUNTER

Warum lieber zum Bäcker?

In der Bäckerei wird die Ware in Papiertüten verkauft, während beim Discounter das Gebäck in einem Papier-Plastik-Gemisch verpackt ist. Außerdem unterstützt du so den Fachhandel vor Ort.

Bitte ein halbes Brot – aber bitte in meinen Stoffbeutel!

Am nachhaltigsten ist es, wenn du gar keine Verpackung benutzt. Nimm deshalb zum Bäcker Brotsäckchen mit. Darin kannst du dein Gepäck auch super transportieren. Für Kuchen eignet sich eine Brotbox.

!TIPP:

Habe in deiner Handtasche immer einen kleinen Einkaufsbeutel und ein Brotsäckchen dabei, so bist du ausgerüstet.

„Sugar sugar baby"

Das wird unverpackt gar nicht so leicht. Auf dem Wochenmarkt gibt es oft Schokofrüchte oder -nüsse. Im Unverpackt-Laden werden natürlich Gummibärchen und Co. verkauft.

Ansonsten beim Bäcker ein süßes Teilchen kaufen oder Kekse selbst machen.

Die Beschäftigte:

„Ich würde ja gerne nachhaltig einkaufen, aber habe wirklich keine Zeit!!"

Ich verstehe, wenn du neben Haushalt, Schule oder Arbeit und Kinder nicht die Zeit findest, einen plastikfreien Laden zu besuchen. Wenn du trotzdem gerne plastikfrei Obst und Gemüse und andere Backwaren haben möchtest, empfehle ich dir, eine Ökokiste zu bestellen. Dort wird Obst und Gemüse meistens plastikfrei geliefert und ist obendrein noch bio und regional.

„Aber auf meinen Frühstückstoast kann ich echt nicht verzichten"

Keine Sorge, das musst du auch nicht!

Beim Bäcker und im Bioladen gibt es frisch gebackenen Toast.

Yummyyyyy :)

Ich empfehle dir, den Toast dünn schneiden zu lassen und dann die Hälfte einzufrieren. Wenn du einen essen willst, dann:

1. Gefrierschrank auf
2. Toast raus
3. toasten
4. genießen

BUTTER

Da gibt es nicht so viele Alternativen. Wir nehmen die in Pergamentpapier eingepackte Butter von der Marke Gläserne Molkerei.

Ist immer noch besser als Aluminium, was zum Großteil aus dem Amazonasgebiet stammt.

HEFE

„Lecker Pizza!! Aber ohne Verpackung gibt's Hefe nicht. „Hmmmm."

Bäcker kaufen Hefe in großen Mengen. Frag nach, ob du ein paar Stückchen in deine Box bekommst und friere ein, was du nicht direkt brauchst.

KAFFEE

„But first coffee"

Sorry, Kaffee ohne Verpackung wird echt schwierig, wenn kein plastikfreier Laden da ist.

Du kannst beim Bäcker oder bei großen Geschäften wie Tschibo fragen. Dort wird Kaffee in großen Mengen geliefert. Erkundige dich einfach, ob sie dir in mitgebrachte Gefäße etwas davon abfüllen können.

Ansonsten hilft nur der Besuch von einem Unverpackt-Laden.

KAUGUMMI

„Plastik kauen - ihhhh"

Fast alle handelsüblichen Kaugummis haben Bestandteile auf Erdölbasis, also Plastik.

True Gum ist ein sozial orientiertes Unternehmen aus Dänemark. Die Kaugummis dieser Marke basieren auf dem natürlichen Rohstoff Chicle, der aus dem Saft des Breiapfelbaums gewonnen wird. Sie sind biologisch abbaubar.

HUNDEKOTBEUTEL

Den gibts aus Papier von poopick; es ist eine Faltbox aus Karton.

KRÄUTER

„Mhhh - Butterbrot mit Kresse oder Schnittlauch!"

Die meisten Kräuter sind super pflegeleicht im Blumentopf. Einfach die Samen aussäen und die Erde feucht halten.

Den Schnittlauch oder den Koriander, statt in Plastik zu kaufen, selbst zu pflanzen, spart nicht nur Plastikmüll - es macht auch Spaß und spart Geld.

Mach dir ein Fensterbrett frei und stell deine eigenen schönen Blumentöpfe hin. :)

Bei den Marken gibt's plastikfreie Alternativen:

smooth-panda
Hydrophyl Villa Lavanda
Ben und Anna
Pandoo
Fair Squared
Truemorrow

Villa Lavanda (alles plastikfrei)
Sonett (einige Produkte im Karton)
Frosch (Waschpulver im Karton)
Blaue Helden (Plastik einsparend)
Everdrop (im Karton)

GRUNDZUTATEN WIE NATRON UND SODA:

Greentasctic

PLASTIKFREIE ONLINESHOPS FÜR ALLES:

Grüne Bude (plastikfreier Onlineshop)
Smooth Panda (Umweltdrogerie)
Greentastic
Villa Lavanda

ORGANISATIONEN, DIE CLEAN-UPS DURCH IHREN VERKAUF FINANZIEREN:

ocean Mata (Schmuck, Handyhüllen)
4 ocean (Schmuck und Co.)

Plastikfrei im Bad

Ich verstehe dich absolut, wenn du jetzt gerade skeptisch deine Stirn runzelt, wenn du an eine Holzzahnbürste und eine Seife für die Haare denkst. Das habe ich auch gemacht :-)

Bei mir hat es eine Weile gebraucht, bis alle Produkte aus Plastik aufgebraucht waren, na ja, was heißt hier aufgebraucht waren! Da ist ja immer noch dieses riesige Gesichtswaschgel, was einfach nicht leer gehen mag... Aber mal abgesehen davon, bin ich jetzt echt glücklich mit den schönen plastikfreien Dingen im Bad, die meinem Körper übrigens super guttun.

Du kannst dich auf ein übersichtliches und minimalistisches Bad mit hochwertigen Pflegeprodukten freuen - ade überquellende Schränke und bye bye Produkte, die der Umwelt und unserem Körper schaden.

„Wie meine Oma?"

Kaufe keinen Seifenspender, der nur einmal befüllt werden kann, sondern lieber duftende Seifenstücke.

Die gibt es in kleinen Pappschächtelchen im Drogeriemarkt oder auch ganz ohne Verpackung in Seifenläden.

Glaub mir: wenn du einmal auf den Geschmack gekommen bist, willst du keine andere Seife mehr. Wenn du dennoch nicht auf flüssige Seife verzichten willst, dann kannst du Nachfüllpackungen kaufen, das ist immer noch umweltfreundlicher als jedes Mal einen neuen Plastikspender.

Aber Achtung: Achte darauf, dass kein Palmöl in der Seife ist!!

Die zunehmende Zahl der Ölpalmenplantagen macht den Regenwald kaputt und sorgt für ökologische und soziale Probleme in den Erzeugerländern.

Bambuszahnbürste statt Plastikbürste
„Sei ein Panda!!"
Greife statt zur herkömmlichen Plastikzahnbürste doch einfach mal zu einer Zahnbürste aus Bambus! Die Vorteile sind: Bambus ist ein natürliches Material; so kann der Griff problemlos kompostiert werden. Zudem ist Bambus der am schnellsten nachwachsende Rohstoff. Der große Nachteil jedoch ist die lange Anreise, denn Bambus wird in Asien angebaut. Die Borsten sind entweder aus Nylon oder aus Kunststoff.

Manchmal auch aus Bambus-Viskose; diese kommt aber auch nicht ganz ohne Synthetik aus. Es ist also wichtig, darauf zu achten, ob die Konzepte der Firmen auch wirklich nachhaltig sind. Ich empfehle z. B. den Hersteller Hydrophil oder Ben und Anna. Hydrophil achtet auf den Schutz der Gewässer. Es gibt keine elektrische Zahnbürste ohne Kunststoff. Jedoch kannst du bei der Verpackung Plastik sparen.

ZAHNPASTA

„Hmm - mit was soll ich jetzt die Zähne putzen?"
Zahnpasta gibt es im Glas. Du kannst sie dann mit einem kleinen Holzstäbchen auf die Zahnbürste tun. Ich benutze die von Ben und Anna; diese ist in verschiedenen Sorten im Glas erhältlich. Du findest sie in Drogeriemärkten und in Bio-Geschäften.

ZAHNPULVER / ZAHNPUTZTABS

Auch kannst du Zahnputztabs oder Zahnpulver benutzen. Diese zerkaust du, bevor du putzt. Sie schmecken ähnlich wie die normale Zahnpasta. Allerdings schäumen die Tabs nicht.

ZAHNSEIDE

„Bitte kein Zahnstocher!"

Früher nahmen Menschen natürliche Dinge wie zum Beispiel Zahnstocher, Nähgarn aus Baumwolle oder Zwirn dafür her. Jetzt ist Zahnseide meistens in Plastikschachteln und besteht selbst auch aus Kunststoff. Es gibt aber Alternativen:

Die übliche Zahnseide kannst du vereinzelt plastikfrei verpackt sowie aus natürlicher Rohseide statt Kunstfaser bekommen. Es gibt z.B. vegane Zahnseide von Eco-Dent oder Outdoor Freakz im Pappspender oder natürliche Rohseide gewachst von Vömel.

„Bitte mit Pfefferminzgeschmack"

Mundspülung gibt es auch im Glas, z. B. von der Marke Ben und Anna. Ich persönlich mache es selbst, das ist günstiger, sorgt für einen frischen Atem und gepflegte Zähne.

Viele konventionelle Mundspülungen enthalten bedenkliche Inhaltsstoffe, Chlorhexidin schadet beispielsweise der Mundschleimhaut. Es tötet zwar schädliche Bakterien, aber eben auch nützliche.

REZEPT MUNDSPÜLUNG

(Nur 45 Cent, aber große Wirkung)

· ·

♥ DU BRAUCHST ♥

Eine leere Flasche mit Schraubverschluss oder auch die Flasche deiner alten Mundspülung

ZUTATEN:

~ 2 Tl Natron
~ 40 Gramm Birkenzucker (Xylitol)
~ 11 Tropfen ätherisches Öl wie Pfefferminze oder marokkanische Minze

SO GEHT'S:

1. Alle Zutaten in die Flasche geben
2. Schütteln bis sich alles aufgelöst hat

WIRKUNG:

~ Natron neutralisiert Säure im Mund
~ Xylitol verhindert Entstehung von Karies
~ und ermöglicht eine Remineralisierung des angegriffenen Zahnschmelzes
~ Pfefferminze verleiht frischen Atem
~ Übrigens wird bei regelmäßiger Anwendung dieser Spülung der Zahnstein reduziert!

FINDE DEIN PERFEKTES ÖL!

Empfindliche Haut: Mandelöl, Kokosöl

Für trockene Haut: Leinöl, Olivenöl, Kakaobutter, Sheabutter, Aprikosenöl

Unreine und fettige Haut: Jojobaöl, Sonnenblumenöl (nur als Mischung mit Mandel- oder Jojobaöl)

SHEABUTTER

Sheabutter stammt von den Früchten des Karité-Baumes.

In seiner Heimat Afrika wird er als heilig angesehen. In der Naturkosmetik ist Sheabutter nicht mehr wegzudenken. Sheabutter versorgt die Haut mit viel Feuchtigkeit und Nährstoffen. Besonders an Hautstellen, die oft rissig, trocken oder rau sind. Sheabutter enthält viele Fettsäuren - gesättigte und ungesättigte, auch Omega-3-Fettsäuren. Enthaltene Phytosterole wirken feuchtigkeitsspendend. Zudem steckt viel Vitamin E in den Kernen der Früchte. Auch ist Beta-Carotin drin, das braucht man für den Aufbau von neuen Hautzellen.

KAKAOBUTTER

Nach dem Eincremen hinterlässt geschmolzene Kakaobutter ein weiches Hautgefühl und verleiht der Haut ein leicht schimmerndes Aussehen. Kakaobutter ist ein leicht gelbliches Pflanzenfett, das aus Kakaobohnen gewonnen wird. Kakaobutter enthält nährendes Fett für besonders trockene Haut oder sprödes Haar. Das Fett wirkt sehr feuchtigkeitsspendend.

KOKOSFETT

Kokosfett wird auch viel zum Kochen benutzt, aber mittlerweile auch immer öfter in Naturkosmetik.

Durch diesen Trend ist der Anbau und die unkontrollierte Regenwaldrodung angestiegen. Das ist nicht gut für die Natur, deshalb auch nur in Maßen nutzen.

HEILERDE

Kannst du für sooo viel benutzen - in den vorliegenden Rezepten wird sie für Kosmetik verwendet.

!TIPP:

Die Luvos Heilerde wird in Papier verkauft und ist in vielen Drogeriemärkten erhältlich.

Die Nachfrage nach Kakaobutter, Kokosöl, Shebutter etc. steigt. Leider führt das beispielsweise bei Kokosöl immer wieder zu Regenwaldrodung, beim Kakaoanbau kommt es zu hohem Wasserverbrauch oder auch Menschenrechtsverletzungen.

Zudem muss all dies, wie viele Produkte unseres Alltags, VON WEIT HER IMPORTIERT werden. Deswegen möchte ich dir ans Herz legen, alles nur in Maßen und mit Achtsamkeit zu verbrauchen. Plastikfrei heißt also nicht automatisch, dass das Produkt nachhaltig in allen Bereichen ist. Die Mitte ist also der Weg.

GESICHTSPFLEGE

Letztens bin ich ins Bad von meiner Freundin gegangen und habe mit ihr geschaut, was sich denn gut plastikfrei ersetzen lässt. Ich habe viel recherchiert und ausprobiert – hier die besten Rezepte: von Peeling bis Gesichtswasser ist alles dabei.

Katzenwäsche

Wenn du dein Gesicht am Abend wäschst, gibt es auch gute Alternativen ohne Kunststoff. Du musst nur bereit sein, deine alten Gewohnheiten zu ändern. Anstatt ein flüssiges Waschgel zu benutzen, das Mikroplastik enthält, greife doch einfach mal zu einer festen Gesichtsseife oder wasche dir das Gesicht mit normaler Seife.

„Der gute alte Waschlappen"

Das Einfachste ist immer noch der gute alte Waschlappen. Wenn du dich aber geschminkt hast, gibt es waschbare Wattepads aus Baumwolle, die sind auch schön weich. Die gebrauchten Pads werden in einem Säckchen gesammelt, das du dann zu deiner normalen Wäsche dazupackst - einfach und nachhaltig.

Ich persönlich benutze die Baumwollpads und bin total begeistert.

MAKE-UP-ENTFERNER

„Schmink's dir ab"

Make-up-Entferner sind ein „No go", wenn du einen Zero-Waste Lifestyle verfolgst.

Doch wenn du dich mal schminkst, gibt es auch Alternativen. Ich persönlich mache ihn einfach selbst.

DAS REZEPT:

♥ DU BRAUCHST ♥

Dafür brauchst du hochwertige Pflanzenöle, eine wasserbasierte Zutat und ein Bindemittel.
(Ich verzichte auf das Bindemittel, weshalb ich das Öl vor jedem Gebrauch schüttel.)

ZUTATEN:

~ 1 Teil pflanzliches Öl (bei wasserfestem Make-up 2 Teile)
~ 1 Teil wasserbasierter Anteil
~ eine Prise Bindemittel

SO GEHT'S:

1. Alle Zutaten in eine Flasche
2. Schütteln und fertig:)

GESICHTSWASSER

„Frau Rose"

Wenn ich mein Gesicht noch mal erfrischen will, benutze ich reines Rosenwasser, das es im Glas zu kaufen gibt. Ich sprühe es mir als Erfrischung am Morgen ins Gesicht oder tupfe mein Gesicht damit ab. Das ist besser als jedes gekaufte Gesichtswasser (meine Meinung).

Meistens haben herkömmliche Produkte aus der Drogerie eine Liste von bedenklichen Inhaltsstoffen. Gesichtswasser kann auch eine desinfizierende, klärende oder beruhigende Wirkung haben, je nachdem welche zusätzlichen Inhaltsstoffe sie enthalten.

Rosen-Gesichtswasser ist für trockene Haut zu empfehlen.

* *

♥ **DU BRAUCHST** ♥

Gefäß aus Glas, z.B. Sprühflasche

ZUTATEN:

~ reines Rosenwasser im Glas (beruhigt die Haut)
~ optional ein paar Tropfen Ringelblumen-Tinktur im Glas (wirkt desinfizierend)

SO GEHT'S:

1. Beides (oder nur das Rosenwasser) in ein Glas oder eine Sprühflasche aus Glas geben
2. Schütteln und fertig :)

Ratsch. Tüte auf, Maske rauf auf die Haut, abspülen, Tüte in den Müll - fertig.

Klingt ganz praktisch.

Ich gebe zu, das habe ich abends auch oft mit meiner Freundin gemacht und wir haben uns sehr erwachsen gefühlt. Meine Haut hat danach zwar mehr gebrannt als sich gut angefühlt, aber natürlich hätte ich das nie zugegeben.

Aber mal ehrlich: Die Gesichtsmasken sind echt teuer, sie sind in Kunststoff verpackt und haben oft Inhaltsstoffe, von denen ich nicht mal den Namen aussprechen kann.

Eigentlich will ich das echt nicht im Gesicht haben.

MASKE FÜR TROCKENE HAUT

♥ DU BRAUCHST ♥

Mixer | Schüssel

ZUTATEN:

~ 1 EL Quark oder Joghurt aus dem Glas (wirkt erfrischend, klärend)
~ 1 Stückchen Gurke (wirkt entzündungs-hemmend)

SO GEHT'S:

1. Beides in einen Mixer hinein, umrühren, fertig :-)
2. Alternativ raspelst du die Gurke in den Quark

HEILERDE-MASKE GEGEN PICKEL

♥ DU BRAUCHST ♥

Schüssel | Löffel

ZUTATEN:

~ ein Teil Heilerde
~ ein Teil Wasser
~ Optional 1 Tropfen Lavendelöl

SO GEHT'S:

1. Heilerde mit warmem Wasser vermischen, bis ein dicker Brei entsteht
2. Sanft auftragen
3. Sobald sie getrocknet ist, mit lauwarmem Wasser abspülen

WICHTIG: DIE MASKE IMMER FRISCH ZUBEREITEN UND NUR SO VIEL, WIE DU WIRKLICH BRAUCHST!

FACE PEELING

Schüssel | Löffel

ZUTATEN FÜR EINE ANWENDUNG:

~ 2 TL Kaffeesatz so trocken wie möglich (Kaffeesatz hat eine sanfte peelende Wirkung, belebt und ist voller Mineralien)

~ 1 TL Öl (mit Kokosöl wird die Masse fester, wenn du das Peeling vor dem Gebrauch einfach kurz in den Kühlschrank stellst)

~ optional 1 TL Honig (beruhigt, entzündungshemmend)

~ optional eine Prise Zimt oder Kurkuma (entzündungshemmend)

SO GEHT'S:

Alles in einem Gefäß gut verrühren, fertig:)

LIPPENBALSAM

Den gibt es plastikfrei als ein festes Stück in einer kleinen, praktischen Metalldose, die du später wieder verwenden kannst, oder auch in einem recycelten Karton.

GESICHTSCREME

Gesichtscreme ist im Glas fast plastikfrei erhältlich, z. B. von Junglück, Dr. Hauschka oder fair squared

KÖRPERPFLEGE

Unsere Haut ist ein Wunder – sie ist das größte Organ unseres Körpers.

Sie ist der „Spiegel der Seele". Wir werden bleich vor Schreck, rot vor Scham oder frösteln, wenn uns etwas nicht ganz geheuer ist. Unsere Haut kann sich auch super selbst regulieren. Dafür ist es notwendig, weniger fertige Lotionen etc. zu benutzen und unserer Haut eine Auszeit zu schenken.

Weniger ist mehr – probiere aus, was dir persönlich guttut.

Ich brauche im Sommer unbedingt Bodylotion, deswegen verwende ich sowohl eine Creme als auch Körperöl.

KÖRPERÖLE

Du kannst fertige Öle im Glas kaufen. Oder du findest dein passendes Öl: Für einen wohltuenden Duft gib noch ein paar Tropfen ätherisches Öl hinzu. Öle dich damit am besten nach dem Duschen ein, wenn die Haut noch feucht ist.

BODYLOTION

Es gibt feste Körperbutter in Drogerieläden zu kaufen oder auch Bodylotion im Glas, z.B. von Fair Squat

PEELINGS

Peeling für den Körper

Ein Peeling ohne Mikroplastik und Verpackung, das trotzdem alte trockene Hautzellen abträgt, reinigt die Poren und regt die Durchblutung an; die Haut wird zarter und reiner. Das Ganze aus natürlichen Zutaten. Klingt doch gut, oder? :-)

1. Wähle eine Trägersubstanz und eine peelende Zutat.

2. Mische das Ganze ca. im Verhältnis 1 Teil Öl, 3 Teile peelende Substanz in einem Schraubglas und schau, dass eine eher feste Masse entsteht.

Ich verwende gerne Zucker und Olivenöl mit Rosenduft, das hält auch mehrere Wochen im Kühlschrank. Ein absolutes Muss in meiner Skincare-Routine.

PEELENDE ZUTATEN

~ Heilerde, Kaffeesatz, feiner Zucker
~ Basis
~ Öle z.B. Kokos-, Oliven- oder Mandelöl

ANWENDUNG

Trage das Peeling in kreisenden Bewegungen unter der Dusche sanft auf die Haut auf. Anschließend mit lauwarmem Wasser und Seife abspülen.

Das Peeling sollte nicht öfter als einmal pro Woche angewendet werden.

Die meisten Haarpflegeprodukte stecken voller umweltschädlicher Stoffe – von der Verpackung aus Kunststoff bis zu Silikonen und Mikroplastik innendrin.

Öko-Test-Studie:

Eine aktuelle Studie der Zeitschrift „Öko-Test" zeigt, dass bei den Shampoos Naturkosmetik besser abschneidet als konventionelle Produkte. Insgesamt wurden 20 Shampoos gegen trockenes Haar getestet. Alle sieben Naturkosmetik-Shampoos im Test schnitten mit „sehr gut" ab.

Bei den konventionellen Shampoos waren vier mit „sehr gut" oder „gut" bewertet und vier mit „befriedigend". Die anderen fünf fielen durch, da sie mangelhaft bzw. ungenügend waren.

ABER WARUM?

Ein Grund ist, dass konventionelle Produkte manchmal Silikone oder andere Kunststoffverbindungen beinhalten. Diese belasten die Umwelt – und auf Dauer auch das Haar. Außerdem haben sie als waschaktive Substanzen Polyethylenglykole (PEG) oder deren Verwandte, sogenannte PEG-Derivate, im Einsatz. Diese können die Haut durchlässiger für Fremdstoffe machen.

Zusätzlich sind auch umstrittene Duftstoffe sowie halogenorganische Verbindungen, die Allergien auslösen können, enthalten. Auch Duftstoffe tun der Natur nicht gut.

SHAMPOO

Shampoo gibt es Zero Waste in fester Form zu kaufen. Das ist wirklich super! 😊

Es ist kleiner und leichter als eine Shampooflasche und deshalb einfach mitzunehmen; zudem wird Benzin beim Transport gespart. Unterschieden wird zwischen festem Shampoo und Haarseife.

FESTES SHAMPOO

Das ist sozusagen ein normales Shampoo, dem das Wasser entzogen wurde.

Perfekt für Einsteiger, da der Umstieg leichter ist. Es schäumt beim Waschen stärker als Haarseife und fühlt sich dadurch wie gewohnt an.

Mittlerweile gibt es festes Shampoo für alle Haartypen, egal ob blondes, trockenes oder fettiges Haar. Sicherlich findest du etwas Passendes für dich.

!HINWEIS:

Pass auf, dass kein Palmöl enthalten ist. Am umweltschonendsten ist natürlich ein Bio-Shampoo.

1. Es enthält Tenside wie Natriumcocoylglutamat.
2. Es kann aus natürlichen Stoffen gewonnen werden.
3. Es hat einen leicht sauren PH-Wert.
4. Es enthält häufig Palmöl.

HAARSEIFEN

Die hohe Schule dagegen sind Haarseifen. Sie enthalten keine synthetischen Inhaltsstoffe, stattdessen dient Seife als waschaktive Substanz. Meistens sind zusätzlich hochwertige Öle enthalten; sie pflegen das Haar. Der Umstieg von industriellem Shampoo auf Haarseife dauert allerdings länger. Die Seife schäumt nicht besonders und kann sich deshalb ungewohnt anfühlen. Haarseife enthält Natronlauge. Diese verträgt sich nicht mit manchen synthetischen Stoffen und Silikonen, die in fast allen „normalen" Shampoos enthalten sind. Das heißt: Rechne in den ersten Wochen mit fettigen, strähnigen Haaren.
1. Bei der Seifenherstellung werden Öle und Fette mit Lauge verkocht.
2. Die Stoffe kommen in der Natur vor.
3. Die Haarseife hat einen leicht basischen pH-Wert.
4. Sie hat kein Palmöl!

SHAMPOO IM GLAS

Klar, nicht jede(r) hat Lust, sich mit einem festen Stück Seife die Haare zu waschen.

Deshalb gibt es auch Shampoo im Glas :-)

SPÜLUNG

Die gibt es auch in fester Form. Stattdessen kannst du auch einfach Pflanzenöle benutzen und diese anschließend ausspülen.

BADEN

Nach dem Sport oder im Winter, wenn du durchgefroren bist, kann ein Bad herrlich wohltuend sein. Hautfreundlich und heilsam mit Kräutern oder einer sanften Entgiftung durch Badesalz. Alles aus der Kraft der Natur ohne synthetische Duftstoffe und Acrylat-Crosspolymere (flüssiges Plastik).

BADESALZ

Wusstest du, dass deine Haut durch Salz entgiftet und entsäuert wird? Also super gegen Pickel. Außerdem enthält das Salz Anteile an Mineralstoffen wie Magnesium, Kalium, Calcium, Brom oder Jod.

REZEPT FÜR BADESALZ

♥ DU BRAUCHST ♥

Hübsches Schraubglas | Mörser | Schüssel

ZUTATEN:

- 2 Tassen grobes Totes-Meer-Salz
- 25 Tropfen ätherisches Öl deiner Wahl, z. B. Lavendel, Melisse oder Rose) • 2 EL Natron
- 1 EL Blüten und oder Kräuter, z. B. Lavendel oder Rose
- 1 EL Pflanzenöl deiner Wahl, z. B. Mandel oder Jojoba

SO GEHT'S:

1. Hälfte des groben Salzes im Mörser zerkleinern
2. Feines und grobes Salz in das Schraubglas geben
3. Pflanzenöl hinzufügen
4. ätherische Öle dazu und kräftig schütteln
5. über Nacht einziehen lassen
6. Blüten und Natron hinzugeben und nochmals schütteln. Fertig.

Ich finde das auch ein sehr schönes Geschenk zu Weihnachten mit Winterdüften wie Nelke und Orange.

ENTSPANNUNGS-SEIFENBAD

♥ **DU BRAUCHST** ♥
Reibe | Löffel

ZUTATEN:

~ 2 TL Seife, z. B. Olivenseife
~ Ein paar Tropfen Lavendel-, Melissen-
und Rosenöl

SO GEHT'S:

1. die Seife in die Badewanne reiben
2. ätherische Öle, ein Tropfen
3. plantschen, genießen und entspannen

KRÄUTERBAD

Kräuter sind die ältesten und universellsten Heilmittel der Menschheit. Die Natur schenkt uns alles, was wir brauchen, für jeden seelischen oder körperlichen Zustand. Ist das nicht unglaublich?

. . . .

♥ DU BRAUCHST ♥
Wasserkocher | Teekanne | Sieb

ZUTATEN:
~ 2 Hände voll frische Kräuter (getrocknet eine Handvoll)
~ 1 Liter kochendes Wasser

SO GEHT'S:
1. Wasser kochen
2. Kräuter mit Wasser übergießen und um die 15 min (mit Deckel auf der Kanne) ziehen lassen
3. den fertigen Tee in das einlaufende Badewasser gießen
4. Entspanne dich mindestens 15 min im Wasser.

Du kannst Entspannungsmusik hören oder einfach mal der Stille lauschen, das tut sehr gut.

EINE KLEINE KRÄUTERKUNDE

KAMILLE:

entspannend, hautpflegend, lindert Entzündung, löst Ungeduld, vermittelt Geborgenheit

LAVENDEL:

entspannend, schlaffördernd, beruhigend, geistige entspannte Klarheit

PFEFFERMINZE:

durchblutungsfördernd, regenerierend, wirkt gegen Kopfschmerzen, gibt Entschlossenheit, Mut, Freude und Leichtigkeit bei Entscheidungen

RINGELBLUMENBLÜTEN:

hautpflegend, entzündungshemmend, Kraft spendend

ROSENBLÜTEN:

stimmungsaufhellend, entspannend, ausgleichend, vermitteln Geborgenheit

ROSMARIN:

anregend, belebend, hautpflegend, lässt dich innerlich loslassen, hilft bei geistiger Erschöpfung

SALBEI:

schweißhemmend, gegen Muskel- und Gelenkschmerzen

THYMIAN:

entzündungshemmend, entspannend, krampflösend, lindernd bei Erkältungsbeschwerden, regt den Kreislauf an, vertreibt Depression und Traurigkeit

ZITRONENMELISSE:

beruhigend, entspannend, magenstärkend, verbessert Selbstwertgefühl und Konzentration

RASIERHOBEL

Die Berge an Müll, die bei Einwegrasierern zusammenkommen, sind riesig. Aber es gibt auch etwas Besseres, nämlich Rasierhobel. Die sind aus langlebigen, nachhaltigen Materialien, meistens ist es Metall oder Metall und Holz. Also so wie früher, nur besser, denn dank technischer Weiterentwicklung schneidest du dich nicht so schnell und kannst dich sanft rasieren. Das Coole ist, dass die Klingen echt lange halten, und sie produzieren so gut wie keinen Müll. Die austauschbare Klinge wird mit dem Weißblech entsorgt und der Karton, in dem sie verpackt sind, landet im Altpapier.

Ehrlich, ich hatte am Anfang voll Schiss davor, dass ich mich schneide oder so, ist aber alles halb so wild... Ich habe mich nicht geschnitten und mit der Rasiercreme ist es echt smooth.

AUF EINEN BLICK:

VORTEILE:

- ~ Auf Dauer viel günstiger.
- ~ Nachhaltiger, denn Rasierklingen sind plastikfrei zu bekommen
- ~ Der ganze Rasierer ist recyclebar.

NACHTEIL:

- ~ Es kann sein, dass es am Anfang etwas ungewohnt ist

In den konventionellen Rasierschäumen, die ich so gekauft habe, sind viele bedenkliche Inhaltsstoffe, mal ganz abgesehen von der Verpackung. Oft enthalten sie Palmöl und Duftstoffe, die Allergien auslösen können. Auch sind schädliche Paraffine im Spiel wie z. B. Paraffin-Hydrogenated Polyisobutene. Das ist ein Destillat aus Erdöl, der Zweck ist der nötige Fettanteil für Kosmetik. Jedoch verstopft diese Fettschicht die Poren und hindert die Haut so am Atmen. Daher wird die Haut eher trocken und oft unreiner und es bilden sich schneller Falten.

Aber keine Panik auf der Titanic, es gibt gute, natürliche Möglichkeiten, dich zu rasieren.

Die natürlichen Produkte sind schon beim Rasieren pflegend und mild.

RASIERSEIFE

Wer gerne viel Schaum mag, für den kann eine klassische Rasierseife in Bio-Qualität eine tolle Alternative sein. Diese mit den Händen gut aufschäumen und den Schaum gut verteilen.

RASIERCREME

Keine Verletzung und gleichzeitig gute Pflege Sheabutter, Aloe Vera und hochwertige Öle spenden der Haut Feuchtigkeit und pflegen sie auch nach der Rasur

- - - - - - - - - - - - - - - - - -

♥ DU BRAUCHST ♥

Topf | Löffel | Rührgerät

ZUTATEN:

~ 4 EL Sheabutter
~ 4 EL Kokosöl
~ Optional 2 EL reines Aloe-Vera-Gel. Optional ätherisches Öl nach Wahl

SO GEHT'S:

1. Sheabutter leicht anschmelzen (nicht flüssig, wie zimmerwarme Butter)
2. Kokosöl in einem anderen Topf auf die gleiche Temperatur erwärmen.
3. Sheabutter mit dem Handrührgerät aufschlagen (wie Sahne)
4. währenddessen nach und nach Aloe-Vera-Gel und Kokosöl hinzugeben
5. wenn die „Sahne" fest ist, ätherisches Öl hinzugeben
6. in ein Schraubglas füllen
7. dünn auf die Haut auftragen und wie gewohnt rasieren

Wenn die Creme nicht schnell genug einzieht, einfach abwaschen. Sie ist circa ein halbes Jahr lang haltbar, je nach Haltbarkeit des Aloe-Vera-Gels

SONNENCREME

„Krieg ich jetzt einen Sonnenbrand?"

Nein, keine Sorge! Auch hier gibt es Alternativen.

Es gibt Sonnencreme im Glas oder auch feste Sun-Sticks in Papier, die bei mir allerdings nicht funktioniert haben. Beides gibt es im Internet oder auch im Unverpacktladen.

DEO

Es gibt Deocreme im Glas mit Aluminiumdeckel oder auch Roll- oder Sprühdeo im Glas. Allerdings hat dieser oft einen Deckel oder einen Sprühkopf aus Plastik. Zudem gibt es auch feste Deosticks.

Ehrlich gesagt war ich beim Deo am skeptischsten - lange habe ich noch ein Sprühdeo benutzt. Aber von diesem Rezept bin ich absolut begeistert!

KOKOSÖL-DEOCREME
Für empfindliche Haut

♥ DU BRAUCHST ♥

Topf | Schraubglas

ZUTATEN:

~ 3 TL Kokosöl
~ 2 TL Natron
~ 2 TL Speisestärke
~ 8 Tr. Ätherisches Öl

SO GEHT'S:

1. Natron und Stärke vermischen
2. Kokosöl etwas schmelzen lassen
3. einen Teil des Kokosöls zur Natronstärke hinzufügen
4. alles gut miteinander verrühren, bis eine cremige Masse entsteht
5. bei Bedarf mehr Kokosöl hinzufügen
6. ätherisches Öl einarbeiten
7. in ein Schraubglas füllen

NAGELFEILE OHNE PLASTIK

Meistens sind Nagelfeilen mit einem Kunststoffgriff versehen.

Wenn du deine Nägel lieber plastikfrei in Form feilen möchtest, ist eine Glasnagelfeile eine praktische Alternative. Die weiche Seite kann gleichzeitig zur Pflege der Fußnägel verwendet werden.

WATTESTÄBCHEN

Gibt es auch plastikfrei; sie sind zwar klein, aber jedes Stückchen Plastik, das weniger in den Ozeanen landet, ist ein Gewinn :-)

Die meisten plastikfreien Wattestäbchen sind aus nachwachsenden Rohstoffen, biologisch abbaubar und vegan. Die Verpackungen sind aus Recyclingkartons.

Zu kaufen: Hydrophil, Pandoo, Outdoor freakz

TOILETTENPAPIER

Es gibt plastikfreies Toilettenpapier im Internet oder in plastikfreien Läden. Ehrlich gesagt: Plastikfreies Toilettenpapier ist teurer.

Der Vorteil ist: Du verwendest viel weniger davon.

Ansonsten ist recyceltes Papier auch besser als normales, denn es werden keine Bäume extra gefällt und viel Wasser gespart.

Tampons und Binden sind nicht nur teuer, sie tun unserer Umwelt und unseren Körpern auch nicht gut.

Als Beispiel: Eine Packung von konventionellen Binden enthält so viel Plastik wie 4 Plastiktüten!

Außerdem gehören Binden zu den häufigsten Abfällen an unseren Stränden und obendrauf sind sie auch nicht biologisch abbaubar.

WARUM?

Fast alle Tampons, Binden und Slipeinlagen bestehen aus Zellstoff bzw. Cellulose, Kunststoff und Baumwolle. Mehr als 90% besteht aber aus Zellstoff-Plastik-Gemischen. Das sind Stoffe, die auch für die Herstellung von Kaffeemaschinen oder Rohrleitungen verwendet werden.

Laut dem Europäischen Faserverband EDANA bestehen Binden und Slipeinlagen zu mehr als 50% aus Kunststoffen und sogenannten „Superabsorbern". Das sind kleine Plastikkügelchen, die Flüssigkeit aufsaugen.

Der andere Teil ist Viskose. Durch chemische Prozesse wird aus Holz Zellstoff und schließlich Viskose. Bäume werden dafür unkontrolliert gefällt und der chemische Herstellungsprozess schadet der Natur.

45.000.000.000 Tampons bzw. Binden landen jährlich im Müll. Es gibt Menstruationstassen. Das sind Mini-Kelche aus medizinischem Silikon. Das Ganze wird ähnlich wie Tampons eingeführt und hält bis zu 12 Stunden. Eine Tasse ersetzt rund 200 Tampons im Jahr.

Die Tassen sind ab 15 Euro in verschiedenen Größen erhältlich. Nach der Nutzung wird das Blut einfach in die Toilette geleert und die Menstruationstasse gereinigt. Nach der Periode müssen Menstruationstassen entweder ausgekocht oder in der Mikrowelle sterilisiert werden.

Stell dir vor: Über 90% der Nutzerinnen sind zufrieden mit ihrer Menstruationstasse! Sie wollen gar nicht mehr wechseln.

VORTEILE: DIE MENSTRUATIONSTASSE...

- ∿ passt sich beim Sport an
- ∿ ist umweltfreundlicher
- ∿ ist auf Dauer günstiger
- ∿ löst keine Allergien aus
- ∿ spart Platz im Urlaub

NACHTEILE: DIE MENSTRUATIONSTASSE...

- ∿ braucht bei mancher Nutzerin Zeit, um sich anzupassen
- ∿ du siehst dein eigenes Blut
- ∿ muss gereinigt werden

Das Schöne ist, dass du Stoffbinden immer wieder verwenden kannst – also perfekt für eine umweltbewusste Periode. Zum Beispiel werden durch 5 -7 Stoffbinden, die über mehrere Jahre verwendet werden, bis zu 1000 Einwegbinden oder Tampons gespart.

Die Stoffbinden sind waschbar und aus Baumwolle, Hanf, Bananenfasern oder einem anderen Material. Für eine schwächere Periode oder für stärkeren Ausfluss gibt es die Stoffvariante auch in Form von Stoff-Slipeinlagen.

Es gibt viele Varianten zum Binden, Zuknöpfen, kleine, große, einfarbige oder mit Muster. Sicherlich findest du etwas Passendes.

Sie sind genauso saugfähig wie herkömmliche Binden, wenn nicht besser.

Fast 12% der Frauen, die schon auf nachhaltige Monatshygiene umgestiegen sind, verwenden Stoffbinden.

Ich bin absolut überzeugt von ihnen.

VORTEILE:

- Sie sind sehr nachhaltig, da kein Verpackungsmüll entsteht und du sie über einen langen Zeitraum verwenden kannst.
- Sie haben ein angenehmeres Tragegefühl.
- Keine chemischen Stoffe dringen in den Körper ein.

NACHTEILE

- Du musst die Binden nach dem Gebrauch waschen.
- Es kann sein, dass du mit der Binde mehr schwitzt.
- Es kann sein, dass du nicht sofort die richtige Größe kaufst.

In der Küche

DAS PLASTIKFREIE KÜCHEN-ABC

BACKPAPIER

Wusstest du, dass Backpapier beschichtet ist?
Wenn es möglich ist, benutze Butter und Mehl anstelle von Backpapier!

EINFRIEREN

Manchmal ist Tiefgefrorenes einfach praktisch.
Fertiggerichte kannst du ersetzen, wenn du hin und wieder etwas mehr kochst und die Reste dann einfrierst.

- Gefrierbeutel sind aus Plastik – also Umdenken :-)
- Für größere Mengen eignen sich Brotboxen aus Stahl oder Glas.
- Für kleinere Mengen sind Schraub- und Einmachgläser geeignet.
- Gebäck einfrieren geht für ein paar Wochen super mit Baumwollbeuteln oder in Papiertüten vom Bäcker.

FRISCHHALTEFOLIE

Eine gute Methode ist es, übrig gebliebenes Essen einfach in eine Schüssel zu geben, Teller drauf und ab in den Kühlschrank! So sparst du dir die Folie.

Brote kannst du auch super in recycelter Küchenrolle einwickeln.

Frischhaltefolie kannst du aber auch gut durch Bienenwachstücher ersetzen. Bee happy!

BIENENWACHSTÜCHER

Was ist das?

Je nach Verwendungsbereich werden verschiedene Größen von Bienenwachstüchern benötigt, z.B. zum Abdecken von Lebensmitteln, Schüsseln oder Bechern reichen bereits kleinere Stücke, als Brottuch brauchst du natürlich ein größeres Tuch, damit das gesamte Brot eingewickelt werden kann.

Bienenwachstücher kann man im Ofen einfach selber machen.

REZEPT BIENENWACHSTÜCHER

Baumwollstoffreste |
Bienenwachs, am besten in Pastillen-Form |
Backpapier | Pinsel | Schere | Bügeleisen

SO GEHT'S:

1. Schneide zuerst ein Baumwolltuch auf die gewünschte Größe zu. Hier eignet sich eine Zick-Zack-Schere gut, da sie das Ausfransen des Tuches verhindert.

2. Lege ein Backpapier auf dein Blech.

3. Auf das Backpapier legst du den Stoff und verteilst darauf gleichmäßig das Bienenwachs.

4. Nun lasse den Stoff mit dem Wachs für ein paar Minuten im Ofen bei 80 °C .

5. Sobald du siehst, dass sich das komplette Wachs aufgelöst hat, kannst du das Tuch herausnehmen und zum Trocknen aufhängen.

!WICHTIG:

Aus hygienischen Gründen nicht für rohen Fisch und Fleisch geeignet!
Wische sie nach dem Gebrauch mit einem feuchten Lappen ab.

Der Zero-Waste-Haushalt

Mit einfachen Grundzutaten wie Soda, Kernseife und Natron lassen sich einfach Putzmittel selber machen. Das spart Geld, aber am wichtigsten: Es spart viel Müll.

HIER DIE VORTEILE AUF EINEN BLICK:

- ᨕ Do it yourself spart viel Geld!!!

- ᨕ Selber machen macht Spaß.

- ᨕ Du hilfst der Umwelt, wenn du Verpackungsmüll vermeidest; die Natur dankt es dir.

- ᨕ Es ist gesünder!

- ᨕ Du entscheidest selber, was in deine Produkte hineinkommt.

- ᨕ Ohne hormonell wirksame Zutaten oder starke chemische Produkte!!!

Wenn du dir sagst „Ich will eigentlich Plastik sparten, aber ey sorry, alles selber machen ist net mein Ding und ich hab auch kaum Zeit... Don`t worry!

Es gibt mittlerweile auch gute Alternativen in Deutschland, wie die Labels blaue Helden oder Everdrop. Die gibt es in vielen Drogeriemärkten zu kaufen. Die Pulver oder Drops lösen sich in Wasser auf und fertig ist dein plastikfreies Putzmittel. Oder du kannst dir Putz- oder Waschmittel auch einfach im plastikfreien Laden abfüllen lassen. Zu Hause mache ich den Allzweckreiniger gerne selber, aber Glasreiniger oder Spülmittel füllen wir uns gerne ab oder nutzen alternativ zum Waschen z.B. Everdrop.

PUTZ-BASICS

ZITRONENSÄURE

Zitronensäure ist sauer und löst deshalb Kalk.

Da sie schonend reinigt, ist sie auch für empfindliche Oberflächen gut .

Zitronensäure nimmt leicht Feuchtigkeit aus der Luft auf und kann daher schnell klumpen. Deswegen wichtig: immer kühl und trocken aufbewahren. Zitronensäure ist in Papier, Glas oder lose im Unverpackt-Laden erhältlich.

SODA

Soda ist umweltfreundlich, vielseitig und günstig.

Es entfernt im Haushalt hartnäckigen Schmutz wie eingebrannte Essensreste in der Pfanne.

Säuren werden neutralisiert und das Wasser enthärtet. Das weiße Pulver ist ein Salz, das in Wasser gelöst wie eine Lauge wirkt. Früher stand es als Reinigungsmittel in fast jedem Haushalt, heute ist reine Soda als Haushaltsmittel sind nur noch selten zu finden. Soda hilft ideal bei stark verschmutzten Oberflächen. Da Soda stark alkalisch ist, löst es sehr gut Fette und Eiweiße. Plastikfrei ist Soda online oder im plastikfreien Laden erhältlich.

NATRON

Natron ist wie Soda auch Salz. Es ist ein Alleskönner, gut für die Umwelt und preiswert. Es ersetzt Allzweckreiniger, Deo und vieles mehr.

Auch für die Umwelt ist es kein Problem. Natron wird auch als Backpulver eingesetzt, ist also essbar. Natron ist in Papier und Glas im Handel oder lose im Unverpackt-Laden erhältlich.

KERNSEIFE

Kernseife ist alkalisch und löst Schmutz und Fett. Kernseife ist die ideale Universalseife. Sie wird aus Pflanzen- oder Tierfetten gewonnen.

OLIVENSEIFE

Reine Olivenölseife ist definitiv ein Allrounder. Du kannst nicht nur Körper, Gesicht und Haare damit waschen, sondern sie auch im Haushalt zum Waschen und Putzen verwenden.

Aber wichtig: Beim Kaufen darauf achten, dass sie frei von Palmöl ist.

ESSIG

Essigessenz besteht ausschließlich aus Essigsäure und Wasser.

Essigessenz wirkt kalklösend, antibakteriell und desinfizierend und ist somit im Haushalt vielseitig einsetzbar. Zudem ist sie vollständig biologisch abbaubar.

TIPP FÜR WENIG ZEIT | ALS COOLES GESCHENK:

Es gibt auch einen sogenannten „Sauberkasten" - das ist ein Set, mit dem du Wasch- und Reinigungsmittel selbst herstellen kannst. Aus sechs Zutaten kannst du zehn verschiedene Reiniger herstellen. Dabei hilft dir eine praktische Rezeptübersicht mit passenden Messutensilien. Etiketten für deine fertigen Reiniger bekommst du auch dazu. Sind die Zutaten aufgebraucht, kannst du sie nachbestellen.

„Putzmittel sind nicht ganz sauber", habe ich in einem Artikel gelesen.

„Was soll das jetzt heißen?", dachte ich mir. Inzwischen bin ich informiert, dass in den meisten Wasch- und Putzmitteln Tenside, Duft- und Konservierungsstoffe drin sind.

Mal ehrlich, jeder hat diese Begriffe schon gehört, aber die wenigsten wissen, was dahintersteckt. In Deutschland verbrauchen die Privathaushalte jährlich 1,5 Millionen Tonnen Wasch- und Reinigungsmittel.

TENSIDE

Tenside sind waschaktive Substanzen, das heißt, sie verbinden Fett (das ist nicht wasserlöslich) und Wasser und sind deshalb ein wichtiger Bestandteil von Putz- und Waschmitteln. Das wird aus Erdöl gemacht.

Tenside müssen einer EU-Verordnung zufolge biologisch abbaubar sein. Dort gilt ein Tensid als „vollständig biologisch abbaubar", wenn es nach 4 Wochen zu 60 Prozent abgebaut ist. Also sind die Dinger länger in der Natur, was heißt, dass sie Wasserorganismen schaden.

Bei Bio-Produkten wird anstatt Erdöl Pflanzenöl benutzt, oft Palmöl.

KONSERVIERUNGSMITTEL

Damit Putz- und Waschmittel nicht schlecht werden, braucht man Konservierungsstoffe. Einige dieser Stoffe können Hautreizungen und Allergien auslösen. Auch für die Umwelt sind die Konservierungsstoffe, die in herkömmlichen Reinigungsprodukten drin sind, nicht gut. Manche sind schlecht biologisch abbaubar und giftig für Wasserorganismen.

DUFTSTOFFE

Die sind auch nicht so cool. Klar, wer mag es nicht, wenn es frisch geputzt riecht? Aber wenn man weiß, was hinter den Kulissen steckt, ist das dann doch nicht mehr so prickelnd.

Sie können Allergien auslösen - das kann auch bei biologischen Produkten der Fall sein. Außerdem sind z. B. einige Moschusverbindungen auch nicht gut fürs Abwasser, sie sind giftig für Wasserorganismen und in der Umwelt nur sehr schwer abbaubar. Da sie gut fettlöslich sind, sammeln sie sich deshalb auch im Fettgewebe von Tieren an.

POLYMERE

„Poly was?", fragte ich mich, als ich zum ersten Mal die Worte Polystyrol oder Polyurethan hörte.

Einfach gesagt, sind das Kunststoffverbindungen, die auch zum Saubermachen verwendet werden. Sie machen eine Art Schutzschicht, damit die Oberfläche nach dem Putzen schön glänzt. So verhindern sie, dass sich der Schmutz schnell wieder festsetzt.

„Na und?"

Das Problem ist, dass sie nur zum Teil von der Natur abgebaut werden können, aber sie dennoch über das Abwasser in ihr landen.

Diese Polymere kommen in vielen Putz- und Flüssigwaschmitteln vor.

MINERALÖLE

Mineralöle findet man oft bei Möbelpflege-Produkten.

Die sind aus Erdöl, dazu gehören z. B. Paraffinum Liquidum, Paraffinum Subliquidum, Wax, Petrolatum. Sie schützen vor Kratzern und weisen Wasser ab. In der Natur sind sie leider schwer abbaubar.

BIOZIDE

Biozide werden in vielen Bereichen eingesetzt, zum Beispiel als Putz- und Desinfektionsmittel, Holzschutzmittel bis hin zum Mückenspray.

In großen Mengen sind Biozide schlecht für Kläranlagen, sie sind potenziell gefährlich für die Umwelt und die Gesundheit von Mensch und Tier.

FÜLLSTOFFE

Füllstoffe bewirken z. B. die Rieselfähigkeit des Waschpulvers, gerade in XXL-Packungen sind sie zu finden. Sie bestehen zum größten Teil aus Natriumsulfat. Dieses Salz wird laut Umweltbundesamt von der Kläranlage nicht gefiltert, weil es sich in Wasser leicht löst, und gelangt so in die Gewässer, was zur Versalzung führt.

WASCHMITTEL

Es gibt die Möglichkeit, sich dieses im plastikfreien Laden abfüllen zu lassen oder es im Karton zu kaufen. (Frosch, everdrop)

Wenn man es selber macht, ist es allerdings gut, alle 3 Maschinen ein normales Waschmittel zu benutzen, da die Maschine sonst verseifen kann.

Mit folgendem Rezept brauchst du für fast 2 l Waschmittel weniger als 50 Cent.

REZEPT FÜR WASCHMITTEL

♥ DU BRAUCHST ♥

Reibe | Schneebesen | Topf | Leere Flasche

ZUTATEN:

- 40 Gramm Kernseife
- 4 EL Soda
- Etwa 2 l Wasser
- Ätherisches Öl, z. B. Zitronenöl, dann riecht die Wäsche schön frisch

SO GEHT'S:

1. Kernseife mit einer Reibe raspeln
2. die geraspelte Kernseife mit Soda in einen Topf geben
3. Wasser im Wasserkocher aufkochen und über die Zutaten gießen, mit dem Schneebesen kräftig rühren, bis sich alles aufgelöst hat
4. die Mischung mehrere Stunden abkühlen lassen (es kann etwas fest werden, dann nochmal rühren oder warmes Wasser dazugeben)
5. alles in eine Flasche füllen
6. ätherisches Öl rein (einige Tropfen)
7. Die Flasche schütteln fertig!!!

WEISSE WÄSCHE

Bei weißer Wäsche noch 1 bis 2 Teelöffel Natron hinzugeben, so wird das Weiß erhalten und das Ergrauen verhindert!

Oder auch ein paar Stücke von großen weißen Eierschalen in ein Wäschenetz hinzugeben. Das hilft schonend gegen Flecken.

FLECKEN

Wenn ein Fleck auf der Kleidung ist, einfach mit fester Gall- oder Kernseife einreiben, mit einer Holzbürste schrubben und einweichen lassen, dann mit der normalen Wäsche (noch nass) mit waschen.

WASCHNÜSSE

Waschnüsse wachsen in der Natur. Sie sind biologisch abbaubar, es werden also keine aufwendigen chemischen Prozesse benötigt.

Waschnüsse sind bei allen Temperaturen einsetzbar und sie lösen leichte Flecken und Fett. Man kann sie wiederverwenden und irgendwann kompostieren.

Der Nachteil ist, dass sie keine hartnäckigen Flecken wegkriegen. Zudem müssen die Waschnüsse importiert werden.

Die Waschnüsse selber riechen nicht. Wer also frisch duftende Wäsche liebt, sollte hier noch ein paar Tropfen ätherisches Öl hinzugeben.

Für weiße Wäsche ist es auch nicht ideal, da sie leicht grau wird, daher für diesen Zweck lieber Waschpulver verwenden.

Anstatt Plastikklammern zu kaufen, kannst du einfach zu Holzklammern greifen. Am längsten halten allerdings Klammern aus Edelstahl.

KÜCHE PUTZEN

TOPFBÜRSTE

Topfbürsten werden auch aus Holz angeboten.

Sie zerkratzen die Töpfe nicht und können auch als Ersatz für Spülschwämme genommen werden.

SPÜLSCHWAMM

Spülschwämme sind aus Baumwolle und Cellulose erhältlich.

Du kannst sie z.B. im Biomarkt finden.

Sie sind wiederverwendbar. Am hygienischsten ist es, wenn die Schwämme mit 60 Grad gewaschen werden.

Der Putzschwamm ist meistens verrottbar, recycelt und vegan.

KUPFERSCHWAMM

Ein Kupferschwamm ist super für eingebranntes Essen oder hartnäckige Flecken.

Aber wichtig: Er ist nicht für empfindliche Oberflächen und beschichtete Pfannen geeignet.

GESCHIRRTÜCHER

Anstatt mit Plastik verwebten Geschirrtüchern gibt es auch welche aus reiner Baumwolle.

Sie sind sehr saugfähig.

FENSTER PUTZEN

Meine Oma benutzte zum Fensterputzen alte Zeitung, das hinterlässt keine Streifen und funktioniert besser, als man glaubt.

MIKROFASERTÜCHER

Mikrofasertücher sind nicht gut für die Natur, selbst wenn du sie wäschst, lösen sich Mikrofasern aus den Tüchern. Allerdings haben sie eine hohe Effizienz, das heißt, man braucht auch weniger Putzmittel.

Die Alternative zu Mikrofasertüchern sind Tücher aus 100% Bambus Viskose oder auch gehäkelte Baumwolllappen.

PUTZLAPPEN

Als Putztücher gibt es waschbare Baumwolllappen zu kaufen.

Oder du nimmst alte Kleidung oder Bettwäsche, die nicht mehr benutzt wird.

Einfach in Vierecke schneiden:)

Das ist definitiv nachhaltiger als verpackte Einweglappen, die im Müll landen.

PLASTIKFREI PUTZEN UND WASCHEN
– REZEPTE –

ALLZWECKREINIGER

Allzweckreiniger kannst du super selber machen. Hier ist eines meiner Lieblingsrezepte, das wirklich simpel ist.

· ·

♥ DU BRAUCHST ♥

Topf | Schneebesen | Trichter

ZUTATEN:

~ 4 Teelöffel Kernseife
~ 3 Teelöffel Natron
~ 700ml warmes Wasser
~ (Ätherisches Öl)

SO GEHT`S:

1. Wasser mit der Kernseife in einem Topf langsam erhitzen
2. mit dem Schneebesen rühren, bis sich die Kernseife aufgelöst hat
3. nach dem Abkühlen das Natron hinzugeben, dann die Sprühflasche füllen (am besten mit einem Trichter)

Wenn du willst, gebe noch ein paar Tropfen ätherisches Öl (ich empfehle dir Lavendel) dazu; Flasche schütteln und fertig.

SPÜLMASCHINENPULVER

Eins, zwei, drei, Zauberei - und schon ist das Spül-
pulver fertig.

ES ERFÜLLT ALLE WICHTIGEN KRITERIEN:

Zitronensäure hilft gegen Kalk, Soda und Natron
bilden gute Fett- und Schmutzlöser, Salz unterstützt die Wasserenthärtung.

KLARSPÜLER

Damit die Gläser schön glänzen, empfehle ich dir
unbedingt einen Klarspüler. Diesen kannst du dir
im plastikfreien Laden abfüllen lassen. Er ist sehr
billig!

Oder du besorgst Spiritus aus der Drogerie.

REZEPT FÜR KLARSPÜLER

♥ DU BRAUCHST ♥

Waage | luftdichtes Gefäß (Einmachglas mit Bügelverschluss)

ZUTATEN:

- 300 Gramm Zitronensäure in Pulverform
- 300g Sodapulver
- 300g Natronpulver
- 125 Gramm Spülmaschinensalz

SO GEHT'S:

1. Zutaten abwiegen
2. danach in ein luftdichtes Gefäß, z.B. ein Einmachglas mit Bügelverschluss, füllen
3. Schütteln ... fertig :)

GEBRAUCH:

Benutze je nach Verschmutzung und Spülmaschine circa 3 Teelöffel des Pulvers und gib es in das Fach, wo sonst die Taps reinkommen.

!WICHTIG:

Am besten 1 Mal die Woche ein normales Spültab benutzen, damit nichts verstopft, und die Spülmaschine regelmäßig reinigen.

BODENREINIGER

Um Fliesen oder das Laminat zu wischen, kannst du einen Schuss von dem Allzweckreiniger in das Putzwasser geben oder auch ein paar Spritzer Spülmittel.

Um Holzfußböden zu pflegen, empfehle ich: zum Wischen reine Olivenölseife in das warme Wischwasser reinraspeln.

ROST ENTFERNEN

Natron mit Wasser zu einer Paste vermischen und auf den Rostfleck auftragen. Das Ganze sollte ein wenig einwirken.

Auch Essigessenz wirkt bei Rostflecken auf Metall oder Kleidung. Wichtig: vor der Anwendung mit Wasser verdünnen.

ENTFERNUNG VON FETT UND SCHMUTZ
(Z.B. AM HERD)

Hier Soda mit ein wenig Spülmittel in Wasser auflösen. Ein paar Minuten einwirken lassen und gründlich abwischen.

So kannst du u.a. deinen Herd oder Backbleche schnell sauber kriegen.

EINGEBRANNTE ESSENSRESTE WEGBEKOMMEN

Auch eingebrannte Essensreste aus Pfannen oder Töpfen lassen sich mit einer Sodalösung mühelos entfernen.

Einfach einen Esslöffel Soda zu circa einem Liter Wasser hinzufügen und aufkochen lassen. Warte ein paar Minuten und anschließend kannst du das Verbrannte mit einer Spülbürste abkratzen und alles mit Wasser abspülen.

KALK ENTFERNEN

Gegen Kalkablagerungen, wie man sie z.B. im Bad oder Wasserkocher findet, wirken Essigessenz sowie Zitronensäure Wunder.

Gebe auf die betroffene Stelle wie etwa in der Toilette Essigessenz oder Zitronensäure in Wasser verdünnt.

Wichtig ist, dass du es einwirken lässt und dann gründlich abwischst oder spülst.

MIT ESSIGESSENZ DEINEN WASSERKOCHER REINIGEN

1. Gebe dafür 2 EL Essigessenz in den Wasserkocher.
2. Gieße anschließend einen Becher Wasser hinzu.
3. Lasse alles aufkochen.
4. Nach 30 Minuten den Wasserkocher ausspülen.

MIT ZITRONENSÄURE DEINEN WASSERKOCHER REINIGEN

1. Fülle in den Wasserkocher einen Liter Wasser ein.
2. Füge ein bis zwei Esslöffel des Zitronensäure-Pulvers hinzu und rühre alles um.
3. Lasse dann die Zitronensäure-Lösung im Wasserkocher für rund fünf Stunden kalt einwirken

4. Schütte anschließend den Inhalt des Wasser-
kochers in den Ausguss oder ins Klo zum Entkalken
und spüle den Kocher mehrmals gut mit klarem
Wasser aus.

5. Befülle zuletzt den Wasserkocher bis zur maxi-
malen Begrenzungslinie. Koche das Wasser auf
und schütte es anschließend weg.

Jetzt sollte dein Wasserkocher schön sauber
sein.

ABFLUSS REINIGEN

Aus Essig und Soda Pulver wird schnell ein effekti-
ver Abflussreiniger.

Gib circa 4 EL Soda in den Abfluss und kippe
eine halbe Tasse Essig hinterher.

Das ganze blubbert dann ein wenig; keine Sorge,
das soll so sein.

Lasse das Ganze ein paar Minuten stehen und
spüle dann mit warmem Wasser nach.

Oder du benutzt circa eine halbe Tasse Zitronensäure und Natron. Beides kannst du in den Abfluss
schütten und spülst circa 1 Tasse Wasser hinterher.

Lass es mindestens 30 Minuten einwirken und
spüle anschließend gründlich mit klarem Wasser
nach.

Plastikfrei unterwegs

Und unterwegs?

Auch für unterwegs kannst du dir einiges an Plastik sparen, wenn du dich erst einmal daran gewöhnt hast, deine Trinkflasche, Brotzeitbox oder deinen Coffee-to-go-Becher immer in der Tasche zu haben, dann kommt es dir nicht wie ein Aufwand vor.

Pro Minute werden weltweit 1 Million Plastikflaschen verkauft, das ist wirklich alarmierend!

Die Glas- oder Aluminiumflasche wird also dein neuer Begleiter.

Wenn das Leitungswasser trinkbar ist, kannst du deine Flasche jederzeit in einem WC auffüllen oder konkret beim Bäcker oder Restaurant danach fragen.

Wenn du essen gehst, frage am besten, noch bevor du das Wasser bestellst, ob es im Glas bzw. in der Glasflasche kommt. Wenn dem nicht so ist, dann bitte um Leitungswasser.

Coffee-to-go-Becher sind echt nicht gut für die Natur:

Sie können nicht recycelt werden und verbrauchen enorm viele Ressourcen wie Holz, Erdöl und Wasser. Deutschlandweit werden durchschnittlich jede Stunde 320.000 Coffee-to-go-Becher verkauft. Also besorge dir einen schönen, persönlichen Coffee-to-go-Becher, der dir Freude beim Anschauen bereitet. Oder nutze z.B. das Recup-System, das es in vielen Bäckereien und Cafés gibt. Du nimmst den wiederverwendbaren Coffee-to-go-Becher von RECUP einfach mit und gibst ihn dort oder bei einer anderen Bäckerei, die dasselbe System benutzt, wieder zurück.

DER ALLROUNDER: DIE BROTBOX

LUNCH TIME

Anstatt sich mittags schnell ein abgepacktes Sushi vom Supermarkt zu holen, kannst du auch die Reste vom Abendessen mitnehmen. Besteck nicht vergessen:)

Oder schmiere dir ein leckeres Brot und nimm es in deiner Box mit.

ESSEN ZUM MITNEHMEN

Am Abend Lust auf asiatisches Essen? Aber keine Lust, sich noch ins Restaurant zu setzen? Dann lass dir das Essen in deine mitgebrachte Box abfüllen.

So vermeidest du einen Berg Kunststoff!

IM RESTAURANT

„Ich kann nicht mehr." Oft gibt es im Restaurant Riesenportionen, die du nicht ganz schaffst.

Entweder kleine Portion bestellen oder Brotbox mitnehmen und den Rest mit nach Hause nehmen, so vermeidest du die Styroporschachtel und die Alufolie.

SAY NO

Plastik vermeiden zu wollen, ist auch manchmal eine gute Übung, um im präsenten Moment zu sein, denn unterwegs, im Café oder in der Eisdiele kannst du so rechtzeitig Nein zu Strohhalm, abgepackten Keksen und Co sagen.

Aber um ehrlich zu sein, passiert es mir auch hin

und wieder, dass die Verkäufer zu schnell sind, und schon habe ich z.B. den Plastikstrohhalm vor der Nase.

BACK DIR DEINEN SNACK

Wer kennt das nicht? Für unterwegs nimmt man gerne Müsliriegel, Kekse oder Chips mit.

Aber wie soll das plastikfrei funktionieren? Die Antwort ist nicht schwer: Mach es einfach selbst!!! Für Menschen, die das gerne machen, perfekt. Mir macht es Spaß, etwas zu backen, wenn ich Zeit habe, aber es ist nicht die erste Wahl in meiner Freizeit. Deswegen nehme ich unterwegs oft Obst oder Nüsse mit oder hole mir etwas vom Bäcker.

MÜSLIRIEGEL

Zu Hause backen wir Müsliriegel selber und frieren sie dann ein. Wenn ich sie brauche, hole ich sie raus und stecke sie in eine Mini-Brotbox. Du sparst dadurch wirklich viel Verpackungsmüll! Außerdem ist der Müsliriegel superlecker und auch noch gesund, denn er ist ohne Konservierungsmittel, weißen Zucker und ungesunde Fette. Obendrein macht das Backen Spaß!

REZEPT FÜR MÜSLIRIEGEL

♥ DU BRAUCHST ♥

Backschüssel | Backblech | Waage | Löffel zum
Rühren, Verteilen und Streichen

ZUTATEN:

~ 60 g Kokosöl
~ 75 g getrocknete Cranberrys
~ 150 g Feinblatt-Haferflocken
~ 4 EL Dinkelvollkornmehl
~ Salz*
~ 6 EL Kokosraspel
~ 2 EL Kürbiskerne (grün)
~ 1 Msp. gemahlene Vanille
~ Bananen (reif)
~ 60 ml Milch oder Haferdrink/Mandeldrink

SO GEHT'S:

1. Den Backofen auf 175°C Ober-/Unterhitze vorheizen.
2. Das Kokosöl erwärmen, bis es flüssig ist.
3. Die Cranberries grob hacken. Cranberries, Haferflocken, Mehl, 1 Prise Salz, Kokosraspel, Kürbiskerne und Vanille in einer Schüssel vermischen.
4. Die Bananen schälen, grob würfeln und in einer Schüssel mit einer Gabel zerdrücken. Den Haferdrink bzw. die Milch, das Kokosöl und die Mehlmischung dazugeben und zu einem Teig verrühren. Bei Bedarf noch Süße durch Zucker, Honig etc. ... hinzufügen.
5. Auf das Blech die fertige Masse geben, glatt streichen und im vorgeheizten Ofen (Mitte) 25 Min. backen.
6. Dann herausnehmen, Müsliriegel in große Stücke schneiden, abkühlen lassen und genießen.

POWERBALL

Ich liebe die Powerballs wirklich als Snack zwischendurch, z.B. bei einem Ausflug.

Auch nach dem Sport sind sie superlecker und schenken dir einen Energiekick. Ich bewahre sie in Gläsern auf.

. . . .

♥ DU BRAUCHST ♥

einen guten Mixer

ZUTATEN:

~ 250 Gramm Datteln
~ 150 Gramm Nüsse, z.B. Mandeln oder Haselnüsse
~ Optional 3 EL Backkakao (für Schoko-fans kann ich das wirklich empfehlen)

SO GEHT'S:

1. Gib alle Zutaten in eine Küchenmaschine.
2. Den Teig mixen, bis er schön fein ist und anfängt, sich im Mixer zusammenzuklumpen
3. Aus der Masse kleine Kugeln rollen
4. Evtl. in Sesam oder Kokosraspeln wälzen

In der Schule

Von den Filzstiften über die Heftschoner bis zu den Federmäppchen aus Kunststoffgeflecht ist alles aus Plastik. Doch auch hier gibt es nachhaltige Alternativen.

Wichtig ist allerdings, wenn du einen guten Schnellhefter aus Plastik haben solltest, ihn nicht wegzuwerfen und durch einen aus Papier zu ersetzen. Das wäre nicht nachhaltig. Ich habe total viele Schnellhefter aus Kunststoff. Weil ich sorgsam mit ihnen umgehe, halten sie schon seit Jahren.

RECYCELTES PAPIER:

Auch wenn es nichts mit Plastik zu tun hat, liegt es mir am Herzen hinzuzufügen, dass du Schulsachen wie Hefte und Collegeblöcke aus recyceltem Papier kaufen solltest.

WARUM?

Ein Deutscher verbraucht pro Jahr durchschnittlich circa 227 Kilogramm Papier. Papier besteht
hauptsächlich aus Zellstoff, welcher aus Holz gewonnen wird. Über die Hälfte des in Deutschland
eingesetzten Zellstoffes wird importiert. 31 Prozent des importierten Zellstoffes kommt aus der
Amazonasregion! Dafür muss jeder dritte Baum
gefällt werden, und das nur für die Herstellung
von Papier. Bei recyceltem Papier werden große
Mengen von Wasser gespart, welche für die Herstellung von frischem Papier benötigt werden.

Nachhaltige Schulsachen gibt es z.B. bei polly-
paper **www.schulstart.de**

KLEBER UND STIFTE ALLER ART

Die Verpackung findet man aus recyceltem Plastik,
immer noch besser als neue Rohstoffe.

RADIERGUMMI

Den gibt es aus Kunststoff und Naturkautschuk.
Wichtig ist, den Radierer lose zu kaufen.

LINEAL

Wenn das alte aus Plastik kaputt gegangen ist, gibt
es auch Lineale aus Holz.

Wenn du das nicht möchtest, dann empfehle
ich dir ein Lineal aus bruchsicherem Kunststoff.

FEDERMÄPPCHEN UND SCHULRUCKSACK

Es gibt Rucksäcke aus Baumwolle; bei den klassischen Schulranzen für Kinder (und die sich die meisten wünschen) empfehle ich, einen gebrauchten zu kaufen. Das ist nachhaltig.

ORDNER ODER SCHNELLHEFTER

Schnellhefter aus Papier halten leider nicht lange, deshalb benutze am besten einen Ordner und ansonsten die Pappschnellhefter so lange wie möglich.

Geschenke

Ehrlich: Freunden und Familie beibringen, dass du nichts mehr mit Plastik möchtest, ist manchmal gar nicht so leicht.

Selbst wenn du es den Verwandten gesagt hast, kann es gut sein, dass du in der Weihnachtszeit dann doch irgendeinen Kram bekommst.

Da ich versuche, möglichst minimalistisch zu leben, habe ich eine sehr kleine, klare Wunschliste. Das hilft auch der Verwandtschaft.

Zum Geburtstag ist es eine schöne Tradition, Bäume zu pflanzen oder pflanzen zu lassen.

Du kannst dir einfach Geld wünschen und das dafür hernehmen.

AUS ALT MACH NEU

Um Verpackung zu sparen ist es auch schön, altes Geschenkpapier wiederzuverwenden.

Zu Hause hebe ich es sorgsam gefaltet in einer Tüte auf, anstatt neues zu kaufen.

Auch kannst du dafür gut Zeitungspapier wieder nehmen, das sieht dann echt nett aus, wenn du es z.B. noch mit einem Tannenzweig dekorierst.

WAS SCHENKEN?

Du suchst nützliche Geschenke?

Nachhaltig, kreativ schenken und dabei gleich noch den Zero-Waste-Vibe weitergeben. Klingt eigentlich doch ganz gut. Nur: Was könnte das sein? Meine Familie freut sich tatsächlich immer über etwas Selbstgemachtes; meine Freunde z.B. über Gutscheine. Am Ende geht es ja um gemeinsame Zeit und Freude anstatt unnützes Zeug.

Was ist eigentlich der Sinn von Geschenken? Ich würde sagen, unsere Wertschätzung der Person gegenüber auszudrücken und ihr eine Freude zu bereiten. Deshalb möchte ich dich ermutigen, es muss nicht immer etwas Materielles sein. Gemeinsame Zeit ist auch sehr wertvoll. Und trotzdem verschenkt jeder gerne auch etwas zum Anfassen.

Hier ein paar praktische Ideen.

SELBER MACHEN

PUTZMITTEL – SEITE 171

Ich verschenke gerne den Allzweckreiniger.

Mache am besten viel auf einmal, das spart Arbeit. Ich fülle den Allzweckreiniger in Flaschen, die ich schön beschrifte; dazu packe ich noch das Rezept und einen umweltfreundlichen bunten Putzlappen. Meine Oma und meine Tanten waren begeistert!

BADESALZ – SEITE 142

Wenn du jemanden kennst, der häufig badet, ist ein selbst gemachtes Badesalz perfekt.

Je nach Jahreszeit sind winterliche oder sommerliche Düfte geeignet.

Tipp: Mit einem guten Tee und Honig ist das ein super Geschenk für kalte Tage.

WINTERPOWERBALL – SEITE 182

Wenn du Powerballs in ein schönes Glas gibst, sieht das sehr nett aus.

Im Winter ist es lecker, wenn du noch Lebkuchengewürz oder Zimt hinzufügst.

Weil die Kugeln ja in Kokosraspeln gewälzt sind, kannst du auch „Schneebälle" verschenken.

FÜR KINDER

Für Kinder ist es nachhaltig, Spielzeug gebraucht zu kaufen.

Statte doch dem nächsten Trödelladen oder Flohmarkt mal einen Besuch ab.

Oder vielleicht haben du oder deine Nachbarn ja noch was Passendes im Schrank.

GUTSCHEINE

Meine Freundinnen freuen sich über Gutscheine.

Wie wäre es mit einem schönen Picknick am See, das du herrichtest, und anschließend ab aufs SUP über das Wasser gleiten.

Oder ein Konzert?

MERCI – ICH LIEBE SÜSSES

Jeder liebt Sweets.

Ob bunte Gummibärchen oder Smarties - das sieht total süß in einem Schraubglas aus.

Du kannst sie im Unverpackt-Laden auffüllen lassen.

Binde noch eine nette Schleife drum und schreib eine Karte.

Häufig reicht eine kleine Geste und ein mitfühlendes Lächeln, um Danke zu sagen oder jemandem eine Freude bereiten.

KAUFEN

- Secondhand-Bücher (Wie wäre es z.B. mit einem Kochbuch?)

- bunte Thermosflasche

- schöne Lunchbox

- duftende Seifen mit Seifenschale

- praktischer Rasierhobel

- waschbare Wattepads

- gekaufte Gutscheine, z.B. fürs Theater

- Jahreskarten, z.B. fürs Freibad

- Zimmerpflanzen

- Kräuter im bunten Blumentopf

- Blumensamen

Gute Neuigkeiten

Weltweit werden pro Jahr 400 Millionen Tonnen Plastik produziert. Gut ein Drittel davon landet kurz danach im Abfall. Die Industrie meldet Jahr für Jahr einen Plastikzuwachs. Bald soll es sogar mehr Plastik als Fische im Meer geben. Das ist die Realität. Es ist sehr wichtig, das nicht zu ignorieren, sondern etwas zu ändern. Aber mit Angst kommen wir nicht weiter. Aus dem Grund hängen mir die negativen Nachrichten, die auch noch extra dramatisch formuliert sind, manchmal zu den Ohren heraus. Oder sie machen mich traurig. Sicherlich gibt es viele Menschen, denen es genauso geht. Deshalb habe ich ein paar schöne Neuigkeiten für dich rausgesucht.

Das neue Motto lautet: „Stay positive and live the change you wish to see in the world!"

Also die erste gute Nachricht ist natürlich, dass du dieses Buch gerade in der Hand hältst.

Allein dass du dieses Buch besitzt, bedeutet schon, dass du den ersten Schritt zum Zero Waste Hero gegangen bist.

Darüber freue ich mich wirklich :)

Du hilfst unseren Meeren und bist Vorbild. Thank you.

VIELE GUTE IDEEN

Es gibt immer mehr Organisationen, die gute Ideen für das Plastikproblem haben.

Die Initiative plastikfreie Stadt bietet Unternehmen ein ganzheitliches Konzept, mit dem der Einweg-Plastikverbrauch analysiert wird und somit gezielte Sparmaßnahmen entwickelt werden können. Oder auch Bracenet (Finalist Deutscher Nachhaltigkeitspreis Design 2021); sie bergen Geisternetze und machen aus ihnen beispielsweise Armbänder und Schlüsselanhänger.

NEUE EXPORT-REGEL

Deutschland exportiert im Jahr ca. eine Million Tonnen Plastikabfälle im Wert von ungefähr 254 Millionen Euro.

Aber seit 2021 gibt es neue Regeln für den Export von Kunststoffabfällen. Die wären?

Es darf nur noch exportiert werden, wenn der Müll gereinigt und gut sortiert ist, also wenn er wirklich recycelbar ist. Sonst nicht.

EINWEG-VERBOT

Hast du schon gemerkt, dass seit dem 3. Juli 2021 europaweit ein paar Einwegprodukte aus konventionellem Plastik und aus Bioplastik verboten wurden?

Es handelt sich um Produkte, für die es umweltfreundlichere Alternativen gibt und die besonders häufig in der Umwelt landen.

Dazu gehören Luftballonhalter, Wattestäbchen, Strohhalme, Plastikbesteck, Rührstäbchen aus Kunststoff und To-go-Becher sowie Fastfood-Boxen aus geschäumtem, expandiertem Polystyrol.

WARNLABEL

Ein paar Einweg-Plastikprodukte sind seit Juli 2021 wie oben genannt in der EU verboten.

Die anderen sollen dafür in Zukunft ein Extra-Label tragen, das auf Umweltprobleme durch Plastik aufmerksam macht, beispielsweise bei Zigaretten oder manchen Hygieneartikeln.

PLASTIKTÜTENVERBOT

In Deutschland werden 1,49 Milliarden leichte Plastiktüten an private Verbraucher abgegeben. „Aber Leute, wisst ihr was?“

„Das hat sich jetzt geändert, juhu!" Denn seit dem 1. Januar 2022 gilt in Deutschland ein Verbot für Plastiktüten.

Ab dann dürfen leichte Plastiktüten mit Wandstärken von 15 bis 50 Mikrometern nicht mehr verkauft werden.

Zur Herstellung eines einzigen Bechers wird mehr als ein halber Liter Wasser verbraucht. Bei 2,8 Milliarden Bechern macht das mehr als 1,4 Milliarden Liter Wasserverbrauch im Jahr, nur für To-go-Becher.

Aber endlich gibt es gute Aussichten! Hast du schon mal was von RECOUP gehört? Da benutzt du einen Mehrwegbecher, den du in Cafés mit demselben System wieder zurückgeben kannst.

Seit 2023 gibt es die Mehrwegpflicht! Restaurants, Bistros, Imbissbuden und Cafés sind dazu verpflichtet, der Kundschaft auch Mehrwegbehälter anzubieten wie Mehrwegbecher oder Mehrwegboxen. Das sieht die Änderung des Verpackungsgesetzes (Verpackt G2) vor. Damit sollen weniger Einwegverpackungen aus Kunststoff für Essen und Getränke zum Mitnehmen verbraucht werden.

Die Mehrwegalternative darf nicht teurer sein als die Einwegverpackung und die Mehrwegverpackungen müssen vom jeweiligen Restaurant oder Café auch zurückgenommen werden.

ENTSORGUNG VON PLASTIK WIRD MITFINANZIERT

Was auch eine kleine Aussicht ist: Unternehmen, die Einwegplastik herstellen, müssen ab 2025 eine jährliche Abgabe leisten. Das gilt in Deutschland; damit beteiligen sie sich an den Kosten der Müllbeseitigung. Erste Berechnungen gehen von 450 Millionen Euro an Einnahmen aus.

Ein Film, den ich euch ans Herz legen möchte, ist „Bigger than us".

Der Dokumentarfilm zeigt junge Changemaker aus verschiedenen Teilen der Welt, die sich alle für eine bessere Welt einsetzen, also gegen die Erderwärmung, Ungerechtigkeit, Rassismus oder die Diskriminierung von Frauen kämpfen.

Die Hauptdarstellerin ist dabei die 18-jährige Umweltschützerin Melati, die die Gleichgesinnten besucht. Ich habe den Film angeschaut, als ich mein Buch zwar schon fertig geschrieben hatte, aber an dem Punkt war aufzugeben, es zu veröffentlichen. Das hat mir den letzten Kick gegeben, es noch mal anzupacken.

Meine kleine Checkliste
   Und... schon Fortschritte gemacht?
   Check mal, wo du so stehst, vielleicht bist du bei einem Punkt ja schon ein Plastiksparheld.

PLASTIKSPAR-ANFÄNGER

☐ Ich kaufe keine Plastikflaschen
(1 Million Plastikflaschen werden pro Minute
verkauft! Willst du das unterstützen?)

☐ Ich habe immer eine Stofftüte beim Einkaufen dabei
(Wir Deutschen verbrauchen im Jahr
immer noch 2,4 Millionen Plastiktüten.)

☐ Obst und Gemüse kaufe ich nur noch lose
(Leider ist Deutschland Europameister in
Sachen Plastik. Fast 38 Kilogramm Plastik
pro Person pro Jahr!!!)

☐ Ich kaufe Milch und Joghurt im Glas statt in
Plastik
(Schaue dich mal um - sogar Pudding,
Ketchup, Bohnen und Studentenfutter etc.
werden im Glas angeboten.)

PLASTIKSPAR-FORTGESCHRITTENER

☐ Ich kaufe Wurst, Käse und Brot frisch an der
Theke und packe sie in meine Brotbox
(So vermeidest du zudem, dass Plastik in
deinen Körper gelangt.)

☐ Ich nehme meinen eigenen To-go-Becher
mit
(Pro Jahr werden in Deutschland leider
circa 3 Milliarden To-go-Becher weggeschmissen. Sie können nicht recycelt
werden und verbrauchen enorm viel Ressourcen wie Holz, Erdöl und Wasser...)

☐ Ich lehne Wegwerfprodukte ab wie Eislöffel
(an der Eisdiele), Strohhalme etc. Wie auch
beim Picknick nehme ich Besteck von zu
Hause mit
(Ein Drittel aller Wegwerfprodukte landen
nach 5 Minuten im Müll.)

☐ Ich benutze nur noch feste Seife zum
Händewaschen

☐ Ich kaufe Produkte nur noch ohne Mikroplastik
(Mikroplastik schadet deinem Körper und
der Natur)

- ☐ Ich kaufe Toast beim Bäcker als Ganzes und friere die geschnittenen Stücke ein

- ☐ Ich dusche mich mit Seife

- ☐ Ich benutze Haarseife

- ☐ Ich benutze Menstruationstassen

- ☐ Ich kaufe im plastikfreien Laden ein

- ☐ Ich mache Putzmittel selber

- ☐ Ich schreibe Firmen an

- ☐ Ich benutze waschbare Wattepads

DANKSAGUNG

Wenn wir ein Fußballspiel verfolgen, feiern wir oft den Torschützen. Doch wie oft denken wir daran, dass hinter jedem Tor ein ganzes Team steht. Der Spieler, der die Vorlage geliefert hat, der Physiotherapeut, der den Athleten fit hält, oder der Ernährungsberater, der für optimale Leistungen sorgt.

Ähnlich verhält es sich mit diesem Buch: Es ist das Ergebnis der Unterstützung und Liebe vieler wunderbarer Menschen.

Zunächst möchte ich meiner Mutter von Herzen danken, die nicht nur den gesamten Text mit viel Geduld korrigiert hat, sondern mir auch immer ein offenes Ohr geschenkt hat.

Meinem Abuelo (Opa), der in mir die Leidenschaft fürs Schreiben entfacht hat, gilt ebenfalls mein tiefster Dank.

Ein großes Dankeschön geht an Bettina, die mir auf unzählige Weise geduldig und unermüdlich zur Seite stand.

Besonders wertvoll waren auch die Unterstützung und die kreativen Ideen meiner lieben Freundin Cosima und ihrem Vater, die mir bei den Fotografien für dieses Buch geholfen haben.

Nicht zuletzt möchte ich Ulrich danken, der nächtelang die erste Version dieses Buches überarbeitet hat – eine wahrlich herausfordernde Aufgabe, wenn man bedenkt, dass er es mit einer Legasthenikerin zu tun hat.

Und schließlich dem Ozean, der mich immer wieder aufs Neue bezaubert.

Quellen

WIR BRAUCHEN EINE NATÜRLICHE UMGEBUNG,
UM GLÜCKLICH ZU SEIN

- Ulrich RS (1984) View through a window may influence recovery from surgery. Science 224:420–421CrossRefPubMed
- wie-natur-auf-unsere-psyche-wirkt-wohlfuehlen-im-wald-swr2-wissen-2023-05-04-100.html
- WHO, Global burden of mental disorders and the need for a comprehensive, coordinated response from health and social sectors at the country level B130_9-en.pdf
- Urbanisation and incidence of psychosis and depression | The British Journal of Psychiatry | Cambridge Core

DANKE FÜR DEINE EINSTELLUNG, DIE WELT ZU
VERBESSERN

War dir jemals bewusst, dass pro Minute so viel Plastikmüll in das Meer gelangt wie in einen Müllwagen passt?

- Plastik Atlas 2019 Bund für Umwelt und Naturschutz Deutschlandhttps://www.bund.net › publikationen › chemie

Mittlerweile befinden sich bereits 150 Millionen Tonnen Plastik in den Weltmeeren.

~ Immer mehr Plastik im Meer - Greenpeace-Greenpeacehttps://www.greenpeace.de › ... › Meere › Meeresschutz

Trotzdem kommen jedes Jahr weitere 10 Millionen Tonnen dazu.

~ Welche Abfallmengen befinden sich in den Meeren?Umweltbundesamthttps://www.um-weltbundesamt.de › service › uba-fragen

WAS IST PLASTIK?

~ Was ist eigentlich Plastik?Deutsche Umwelthilfe e.V.https://www.duh.de › Coffee_to_go › Schulmaterial

~ So viel russisches Erdöl steckt in unserem Plastik - UtopiaUtopia.dehttps://utopia.de › News

DIE GESCHICHTE VON PLASTIK

Pro Jahr sind es 88 Milliarden Kunstoffflaschen.

~ Coca-Cola wirbt mit „nachhaltigeren" Einweg-flaschenUtopia.dehttps://utopia.de › News

Ganze 8,3 Milliarden Tonnen Plastik wurden zwischen 1950 und 2015 produziert.

~ Plastikatlas - Daten und Fakten über eine Welt voller KunststoffHeinrich-Böll-Stiftunghttps://www.boell.de › sites › default › files › Boel...

Der Plastikverbrauch in den G-20-Ländern könnte sich bis 2050 fast **verdoppeln**.
~ https://www.faz.net/aktuell/wirtschaft/klima-nachhaltigkeit/plastikverbrauch-wird-sich-bis-2050-wohl-fast-verdoppeln-18709235.html?utm_source=chatgpt.com

Weltweit wurden bisher nur 9% des Kunststoffes, der je produziert wurde, recycelt!
~ Plastikatlas 2019Bund für Umwelt und Naturschutz Deutschlandhttps://www.bund.net › publikationen › chemie

MÜLLTRENNUNGSANLAGE

SWR Wissen: Das passiert mit unserem Plastikmüll! , 2021
~ Das passiert mit unserem Plastikmüll! | SWR WissenYouTube · SWR Wissen18 Minuten, 17 Sekunden21.01.2021

WIE WIRD RECYCELT?

~ Recycling von Müll: Wie viel Plastik wird wirklich wiederverwertet? | MDR.DE

NACHTEILE

~ NDR Dokfilm: Plastik - Die Recycling-LügeARD Mediathek10.10.2023
~ Fokus online, „Wie aus deutschen Recyclinganlagen Mikroplastik in Flüsse und Meere läuft 15.07.2021
~ Recycling-Schwindel mit PfandflaschenFOCUS onlinehttps://www.focus.de › Perspektiven

DAS FAZIT IST ALSO:

Laut einer Studie des Fraunhofer Instituts werden beispielsweise beim Kunststoffrecycling mehr als 50 % der CO_2-Emissionen im Vergleich zur Verwendung von Neu-Granulat aus Rohöl eingespart.
  ～ https://www.umsicht.fraunhofer.de/de/presse-medien/pressemitteilungen/2019/ressourcenstudie.html

Weltweit wurden bisher nur 9% des Kunststoffes, das je produziert wurde, recycelt!
  ～ Plastikatlas 2019Bund für Umwelt und Naturschutz Deutschlandhttps://www.bund.net › publikationen › chemie

SONSTIGES:

  ～ NDR Dokfilm: Plastik - Die Recycling-LügeARD Mediathek10.10.2023

WARUM WIRD PLASTIK INS AUSLAND EXPORTIERT?

Bis 2018 war China der größte Abfallkäufer international. Allein wir Deutschen haben 2016 eine halbe Million Tonnen Plastik nach China verschifft.
  ～ Plastik-Müll: China leitet weltweite Abfallströme umSpiegelhttps://www.spiegel.de › Wissenschaft › Mensch

Seitdem hat sich der Export von Plastik nach Südostasien verlagert.

2020 hat Deutschland über eine Million Tonnen Kunststoffmüll im Wert von ca. 254 Millionen Euro dorthin exportiert. Das ist mehr als in jedem anderen Land in der EU!

〰 Ab nach Malaysia: Wo deutscher Plastikmüll landetNational Geographichttps://www.nationalgeographic.de › umwelt › 2022/01

An illegalem Müllhandel werden jährlich tatsächlich 11 bis 12 Millionen Dollar verdient.
〰 NDR Dokfilm: Plastik - Die Recycling-LügeARD Mediathek10.10.2023

WARUM PLASTIK SPAREN?

Wusstest du, dass es bis zum Jahr 2050 mehr Plastik als Fische im Meer geben wird?
〰 https://www.europarl.europa.eu/topics/de/article/20181005STO15110/plastik-im-meer-fakten-auswirkungen-und-neue-eu-regelungen

WIE LANDET DAS PLASTIK IM MEER?

Laut einer Studie sind 10 Flüsse dieser Welt für 80% unseres Abfalls im Meer verantwortlich.
〰 Wie kommt unser Plastikmüll ins Meer?YouTube · Terra X History8 Minuten, 18 Sekunden12.04.2018

TIERE UND PLASTIK

135.000 Meeressäuger und eine Million Vögel sterben im Jahr aufgrund von Kunststoff, der im Meer treibt.
〰 Plastikmüll und seine Folgen - NABUNABUhttps://www.nabu.de › ... › Meere › Müllkippe Meer

Forschungen zufolge haben 52 % der Meeresschildkröten weltweit Plastikmüll gefressen.
  ∼ https://www.worldwildlife.org/stories/what-do-
    sea-turtles-eat-unfortunately-plastic-bags
  Risk analysis reveals global hotspots for marine
debris ingestion by sea turtles".

  ∼ Wie Plastikmüll sich auf die Vielfalt der Meeres-
    tiere WWF Deutschlandhttps://www.wwf.de › … ›
    Plastik bedroht Ökosysteme

  ∼ Zehn Fakten zum Thema Müll im Meer - NAB-
    UNABUhttps://www.nabu.de › … › Meere ›
    Müllkippe Meer

Eine PET-Flasche braucht etwa 4050 Jahre, bis sie
Mikroplastik wird.
  ∼ Plastikatlas 2019Bund für Umwelt und Natur-
    schutz Deutschlandhttps://www.bund.net › pub-
    likationen › chemie

Tatsächlich nimmt man im Durchschnitt wöchentlich 5 Gramm Plastik auf.
  ∼ Studie So viel Mikroplastik nehmen wir jede
    Woche zu unsGeo.dehttps://www.geo.de › Natur
    › Nachhaltigkeit

Inzwischen gibt es Stellen im Meer, an denen sechsmal mehr Plastik als Plankton zu finden ist!
  - https://www.tagesspiegel.de/gesellschaft/panorama/treibgut-des-schreckens-7080022.html
  - Foto: APBundesverband Meeresmüllhttps://bundesverband-meeresmuell.de › 2014/09

Kosmetik macht nur 2% aus. Tatsächlich ist der größte Verursacher von Mikroplastik Kleidung, danach kommen Autoreifen.
  - Fraunhofer-UMSICHT (2018): Kunststoffe in der Umwelt | Bioökonomie.de

Der größte Anteil an Mikroplastik fällt als Rückstand bei der Produktion an. Der gesamte Fasermarkt ist zu fast 3/4 von synthetischen Stoffen abgedeckt.
  - Kleidung: So macht sie unsere Umwelt kaputt - quarks.de

GEISTERNETZE

Deshalb verrotten verlorene Netze am Meeresgrund erst nach 400 bis 600 Jahren.
  Die Entsorgung von Fischereigerät auf See ist in Europa verboten.
  - Geisternetze - WWF Deutschland WWF Deutschlandhttps://www.wwf.de › ... › Schwerpunkte › Plastik

Nur in den europäischen Meeren verschwinden jedes Jahr mehr als 1.000 Kilometer Netze im Wasser.
  - https://www.tagesschau.de/inland/wwf-plastik-geisternetze-101.html

Alleine in der Ostsee gehen jedes Jahr bis zu 10.000 Netzteile verloren.
~ Geisternetze: Todesfallen für Meerestiere - NABU

Forscher der University of Hawaii haben herausgefunden, dass Kunststoff auch bei der Zersetzung Treibhausgase freisetzt. Laut der Studie sollen alle Kunststoffe Methan absondern. Der Kunststoff Polyethylen am meisten, dieser ist leider auch der meistproduzierte und landet somit auch am häufigsten in der Umwelt …
~ PlanetB: Plastik-Overkill: Ersticken unsere Klimaziele im Plastikmüll?

~ Plastic & Climate: The Hidden Costs of a Plastic Planet (2019, Center for International Environmental Law (CIEL)): schätzt, dass die Produktion und Verbrennung von Plastik im Jahr 2019 weltweit etwa 850 Millionen Tonnen Treibhausgase freigesetzt hat. Bis 2050 könnten diese Emissionen auf 2,8 Milliarden Tonnen pro Jahr ansteigen, was etwa 10-13% des gesamten verbleibenden Kohlenstoffbudgets entspricht, um die globale Erwärmung auf 1,5°C zu begrenzen.

Der Lebenszyklus von Plastik verursacht weltweit jährlich mehr CO2-Emissionen als der gesamte Luftverkehr.
~ Plastik verursacht mehr CO2-Emissionen als FlugverkehrBerliner Zeitunghttps://www.berliner-zeitung.de › EU

Tatsächlich nimmt man im Durchschnitt wöchentlich 5 Gramm Plastik auf.

~ Studie So viel Mikroplastik nehmen wir jede Woche zu unsGeo.dehttps://www.geo.de › Natur › Nachhaltigkeit

Studien haben gezeigt, dass Mikroplastik auch hormonelle Veränderungen verursachen und das Fortpflanzungssystem beeinträchtigen kann …

~ https://www.focus.de/gesundheit/verschwindend-kleine-teilchen-neue-studie-fand-mikroplastik-in-jedem-menschlichen-hoden_id_259966894.html

~ https://www.wwf.de/themen-projekte/plastik/mikroplastik

~ Mikroplastik: Was ist das genau und wo ist es drin? | NDR.de - Ratgeber - Verbraucher

ALTERNATIVEN? BIOPLASTIK

~ Biobasierte und biologisch abbaubare Kunststoffe | Umweltbundesamt

~ https://www.swr.de/swrkultur/wissen/deshalb-sind-biokunststoffe-nicht-wirklich-bio-100.html

MUNDSPÜLUNG

~ https://www.frontiersin.org/articles/10.3389/
fcimb.2019.00039/full

HAARPFLEGE

~ Shampoo für trockenes Haar im Test: Welche
Marken überzeugen?

MONATSHYGIENE

~ https://erdbeerwoche.com/meine-umwelt/ma-
terialien/

PUTZ-BASICS

In Deutschland verbrauchen die Privathaushalte jährlich 1,5 Millionen Tonnen Wasch- und
Reinigungsmittel.
~ Reinigung im Haushalt | UmweltbundesamtUm-
weltbundesamthttps://www.umweltbundesamt.
de › haushalt-wohnen
~ Die schlimmsten Inhaltsstoffe in Reinigungsmitteln - Utopia.deUtopia.dehttps://utopia.de › Rat-
geber

PLASTIKFREI UNTERWEGS

Pro Minute werden weltweit 1 Millionen Plastikflaschen verkauft, das ist wirklich alarmierend!
~ wir-kaufen-eine-million-plastikflasche-in-der-
minute-58964

Deutschlandweit werden durchschnittlich jede Stunde 320.000 Coffee-to-go-Becher verkauft.
~ Müll: 320.000 Kaffeebecher werden pro Stunde weggeschmissen - DER SPIEGEL

~ https://www.wwf.de/themen-projekte/waelder/papierverbrauch/zahlen-und-fakten
Ein Deutscher verbraucht pro Jahr durchschnittlich circa 227 Kilogramm Papier.

Über die Hälfte des in Deutschland eingesetzten Zellstoffes wird importiert. 31 Prozent des importierten Zellstoffes kommt aus der Amazonasregion!
~ Früher war ich eine WieseDie Welthttps://www.welt.de › Print › DIE WELT

Weltweit werden pro Jahr 400 Millionen Tonnen Plastik produziert.
~ Anteil fossiler Rohstoffe in Kunststoffproduktion rückläufig

Gut ein Drittel davon landet kurz danach im Abfall.
~ odysso - Wissen im SWR: Das Problem mit dem Kunststoff ...ARD Mediathekhttps://www.ardmediathek.de › odysso-wissen-im-swr

NEUE EXPORTREGEL

- ❧ Ab nach Malaysia: Wo deutscher Plastikmüll landetNational Geographichttps://www.nationalgeographic.de › umwelt › 2022/01
- ❧ https://www.bmuv.de/weniger-ist-mehr/unsere-politik-fuer-weniger-plastik-muell-und-mehr-recycling

EINWEGVERBOT

- ❧ https://www.bundesregierung.de/breg-de/service/archiv/einwegplastik-wird-verboten-1763390.pdf

WARNLABEL

- ❧ BMUV: Unsere Politik für weniger Plastikmüll und mehr Recycling

PLASTIKTÜTENVERBOT

- ❧ https://www.bmuv.de/faqs/plastiktueten-verbot

EIN GLOBALES PLASTIKABKOMMEN IN SICHT

- ❧ https://www.bmuv.de/fileadmin/Daten_BMU/Download_PDF/Europa___International/plastikmuell_un-abkommen_bf.pdf

ENTSORGUNG VON PLASTIK WIRD MITFINANZIERT

- ❧ https://www.bmuv.de/pressemitteilung/plastikverschmutzung-hat-kuenftig-ihren-preis

1 Million Plastikflaschen werden pro Minute verkauft! Willst du das unterstützen?
- ～ https://utopia.de/wir-kaufen-eine-million-plastikflasche-in-der-minute-58964/

Wir Deutschen verbrauchen im Jahr immer noch 2,4 Millionen Plastiktüten
- ～ Plastiktütenverbrauch pro Kopf in der EU 2021Statistisches Bundesamthttps://www.destatis.de › Umwelt-Energie › Plastiktueten

Leider ist Deutschland Europameister in Sachen Plastik. Fast 38 Kilogramm Plastik pro Person pro Jahr!!!
- ～ Plastikmüll Statistiken Deutschland, weltweit und im Meer ...AktivBewusst.dehttps://aktivbewusst.de › plastikmuell-statistiken-deutschl...

Pro Jahr werden in Deutschland leider circa 3 Milliarden To-go-Becher weggeworfen.
- ～ BMUV: Wie viele Einweg-Becher werden jährlich verbraucht ...Bundesministerium für Umwelt, Naturschutz, nukleare Sicherheit und Verbraucherschutzhttps://www.bmuv.de › faq › wie-viele-einweg-becher-w...

Ein Drittel aller Wegwerfprodukte landen nach 5 Minuten im Müll.
- ～ Y3JpZDovL3N3ci5kZS9hZXgvbzEzODgyOTI